毒品预防教育

王静悠　田　红　李　静　主　编

黄俊洪　曹远明　副主编

韩　强　吴开泉　主　审

科 学 出 版 社

北　京

内 容 简 介

做好毒品预防教育工作，能有效防范和遏制毒品的传播及蔓延。本书根据《中小学生毒品预防专题教育大纲》的相关内容编写，分为四章，即毒品知识我知道、毒品危害我明了、远离毒品我有招、参与禁毒我荣耀，旨在使读者了解毒品预防知识。

本书适用于高中（普通高中和职业中学）及高中以上文化程度人群学习使用。

图书在版编目（CIP）数据

毒品预防教育 / 王静悠，田红，李静主编 . —北京：科学出版社，2019.10
ISBN 978-7-03-062615-8

Ⅰ. ①毒… Ⅱ. ①王… ②田… ③李… Ⅲ. ①禁毒-中国-青少年读物 Ⅳ. ① D669.8-49

中国版本图书馆CIP数据核字（2019）第219431号

责任编辑：涂 晟 贾家琛 / 责任校对：陶丽荣
责任印制：吕春珉 / 封面设计：东方人华平面设计部

科学出版社出版
北京东黄城根北街16号
邮政编码：100717
http://www.sciencep.com
三河市骏杰印刷有限公司印刷
科学出版社发行 各地新华书店经销
*
2019年10月第 一 版 开本：787×1092 1/16
2019年10月第一次印刷 印张：5 3/4
字数：142 000

定价：28.00元

（如有印装质量问题，我社负责调换〈骏杰〉）
销售部电话 010-62136230 编辑部电话 010-62135763-8020

本书编委会

主　编　王静悠　田　红　李　静

副主编　黄俊洪　曹远明

主　审　韩　强　吴开泉

参　编　华永生　李　霆　程永东　张　畅　廖世勋　董晓倩

罗本飞　温明勇　王　强　郭朝鑫　李天平　曾冰洁

任　薇　万罗兰

前　言

毒品，曾给中华民族带来极其深重的灾难，使中国人民遭受了近一个世纪贫穷及战争的摧残，甚至危及中华民族的生存。当前我国禁毒形势严峻，毒品问题威胁着社会的和谐与稳定，对社会风气、经济发展产生了不利的影响。

青少年是国之栋梁，是国家的希望，少年强则国强。相关“中国毒品形势报告”表明，近年来，我国青少年吸毒人数正在快速增加。因此，做好青少年毒品预防教育工作是当前毒品预防教育工作的重中之重。为了有效预防青少年涉毒，各级各类学校有必要开展系统的、扎实有效的毒品预防教育工作。

本书具有较强的针对性和实用性，旨在使学生树立禁毒意识，让学生自觉远离毒品，提高学生的识毒、防毒、拒毒能力，并培养其主人翁意识及社会责任感，积极参与禁毒宣传活动。本书配有题库资源，方便学生对相关知识进行学习。

本书按教育部对毒品预防教育的相关要求编写，内容分为四章，每章分别对应高中（指普通高中和职业中学）一、二年级每个学期一章（课）的毒品预防教育教学内容。高中一年级的教学目标是让学生认识并了解常见的毒品，全面且深刻地理解毒品的危害，初步树立防毒、拒毒意识。高中二年级的教学目标是使学生进一步树立防毒、拒毒意识及全民禁毒意识，积极参与禁毒宣传活动。

本书由四川省宜宾市职业技术学校毒品预防专题教育小组人员编写，主审为韩强和吴开泉。王静悠、田红、李静担任主编，黄俊洪、曹远明担任副主编，华永生、李霆、程永东、张畅、廖世勋、董晓倩、罗本飞、温明勇、王强、郭朝鑫、李天平、曾冰洁、任薇、万罗兰参与编写。具体编写分工如下：田红编写第一章、第二章；李静编写第三章；王静悠编写第四章及附录；黄俊洪、曹远明负责校对工作；黄俊洪、王静悠负责本书的统筹工作；参编人员负责部分资料及素材的提供。

在编写本书的过程中，编者得到了宜宾市禁毒委员会的大力支持和帮助，同时借鉴和参考了多种同类教材及相关资料，在此向相关人士表示最诚挚的感谢！

由于编者水平有限，加之时间仓促，书中不足之处在所难免，恳请广大读者批评指正。本书另配有视频资源，如需要可联系王静悠，qq：289484031 索取。

编　者

2019 年 8 月

目　录

第一章　毒品知识我知道

中华人民共和国成立后，在中国共产党的领导下，国家有关部门始终坚持严厉打击毒品违法犯罪活动。近年来，受国际毒潮的影响，国内毒品违法犯罪活动有所抬头，人民不断受到毒品侵害的威胁。目前，中国已由毒品过境国转变为毒品过境与毒品消费并存的国家。毒品离我们并不遥远，现在难以计算有多少人被毒品逼上了犯罪之路，有多少个幸福美满的家庭家破人亡，有多少财富烟消云散，有多少人的辉煌前程和美好人生被毒品葬送。毒品造成的悲剧惨不忍睹，让人叹息，让人深思。

选择毒品，意味着选择通往死亡之路。生命对于每个人都只有一次，要珍爱生命，就必须拒绝毒品。可是在现实生活中，由于对毒品无知和好奇，对毒品违法犯罪活动缺乏认识和防范，一些青少年走上了吸毒、贩毒之路。

了解毒品知识、知晓毒品的危害，可以使人们提高警惕，自觉抵制毒品侵害，增强同毒品做斗争的主动性，在面对毒品的诱惑时坚决拒绝，面对毒品违法犯罪活动时与之做坚决斗争，使自己、家庭和社会免受毒品之害。

第一节 毒品概述

案例导入

"东亚病夫"

清朝末年，中国吸食鸦片者面黄肌瘦，身体似麻秆。在1936年柏林奥运会上，中国参加了7个项目，派出由140人组成的代表团。在所有的参赛项目中，除撑竿跳高进入复赛外，其他项目在初赛阶段即遭淘汰，最终全军覆没。在中国代表团回国途经新加坡时，当地报刊发表了一幅题为"东亚病夫"的讽刺中国人的漫画：在奥运五环旗下，一群头蓄长辫、穿着长袍马褂、形容枯瘦的中国人，用担架抬着一个大鸭蛋。从此，"东亚病夫"就成了当时外国人对中国人的侮辱性称呼。

相关知识

一、毒品的定义

毒品是指国际法规定的、受管制的麻醉药品和精神药物。

1. 法律定义

根据《中华人民共和国刑法》第三百五十七条、《中华人民共和国禁毒法》第二条的规定：毒品是指鸦片、海洛因、甲基苯丙胺（冰毒）、吗啡、大麻、可卡因以及国家规定管制的其他能够使人形成瘾癖的麻醉药品和精神药品。

2. 医学定义

毒品是指出于非医疗目的而反复连续使用，能够产生依赖性（成瘾性）的药品。

3. 生理学定义

毒品是使人处于一种麻醉状态或使脑功能产生类似变化的影响中枢神经的化学物质。

二、毒品的分类

（一）按流行的时间顺序分类

按流行的时间顺序，毒品可分为传统毒品、合成毒品和新精神活性物质。

1. 传统毒品

部分阿片类、大麻类和可卡因类毒品的出现时间和滥用时间最早，归类为传统毒品。阿片类毒品包括鸦片、海洛因、吗啡等；大麻类毒品包括大麻烟、大麻脂、大麻油等；可卡因类毒品主要包括古柯叶和可卡因等。

（1）阿片类毒品

1）鸦片。鸦片俗称大烟，由罂粟果实中流出的乳液经干燥凝结而成，呈黑色或褐色，味苦，又称生鸦片。生鸦片经过烧煮和发酵，可制成精制鸦片（又称熟鸦片，图 1-1）。吸食者初次吸食时会感到头晕目眩、恶心或头痛，多次吸食就会上瘾；长期吸食可破坏人的免疫系统，使人变得瘦弱不堪、面无血色、目光发直发呆、瞳孔缩小、失眠、精神颓废，极易患染各种疾病，寿命也会缩短。人过量吸食鸦片可引起急性中毒，因呼吸抑制而死亡。

2）海洛因。海洛因（图 1-2）俗称白粉、白面、白龙珠，有的海洛因为红色液体，俗称红鸡。海洛因是吗啡的半合成品，被称为“毒品之王”。可供注射的海洛因一般呈白色或灰白色粉末状，味苦，微溶于水。长期吸食或注射海洛因会导致大脑不可逆的损伤，心、肝、肾等主要脏器的损害，人体免疫功能的破坏，使人易感染肝炎、肺脓肿及艾滋病等，还会引起幻想、妄想、精神失常；过量吸食会使人中毒致死。

图 1-1　精制鸦片

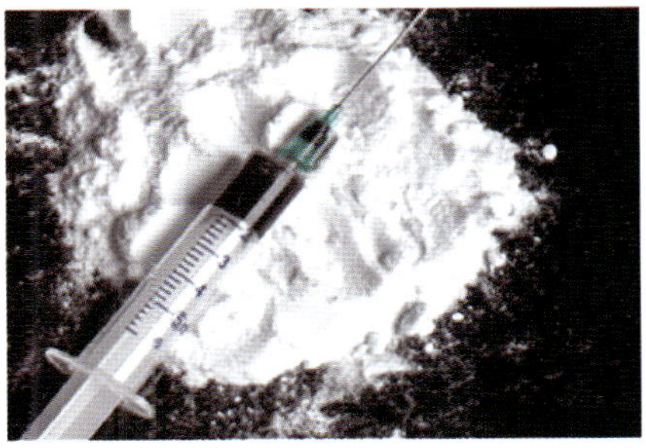

图 1-2　海洛因

3）吗啡。吗啡（图 1-3）是从鸦片中分离提取出来的一种生物碱，为无色或白色结晶粉末，具有镇痛、催眠、止咳、止泻等作用，人吸食后会产生快感，长期注射会导致幻想、妄想、精神失常；过量注射则会使人中毒致死。

（2）大麻类毒品

大麻为桑科一年生草本植物，分为有毒大麻和无毒大麻。大麻类毒品（图 1-4）对人的中枢神经系统有抑制、麻醉作用，人吸食后会产生愉悦感，有时会出现幻觉和妄想，长期吸食会导致大脑认知功能损害（如记忆力、注意力受损等），并引起包括呼吸系统损害在内的躯体器质性损害。

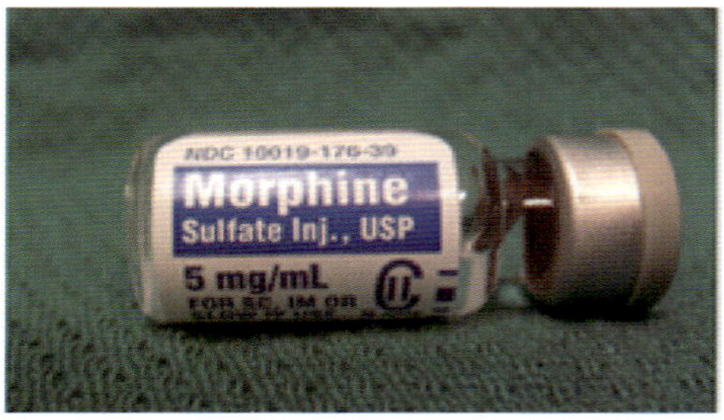

图 1-3　吗啡

图 1-4　大麻类毒品

（3）可卡因类毒品

可卡因（图 1-5）是从古柯植物叶片中提取的白色结晶的生物碱，是强效的中枢神经兴奋剂和局部麻醉剂。它能阻断人体神经传导，产生局部麻醉效果，并可通过加强人体内化学物质的活性刺激大脑皮质，兴奋中枢神经，使吸食者表现出情绪高涨、好动、健谈，有时还有攻击倾向。可卡因具有很强的成瘾性。长时间吸食可卡因类毒品，会对人体呼吸系统、心血管系统、免疫系统、中枢神经系统等造成不可逆的伤害。

图 1-5　可卡因

2. 合成毒品

由于科学技术和制药工业的进步，毒品的品种也在不断增多。化学合成技术的提高，使一系列人工合成的化学合成类毒品不断出现。根据药物毒理学，合成毒品可分为以下四类。

1）以中枢兴奋作用为主的毒品，如冰毒（图 1-6）。

2）以致幻作用为主的毒品，如麦角酸二乙酰胺（缩写为 LSD，图 1-7）、麦司卡林和氯胺酮（俗称 K 粉）。

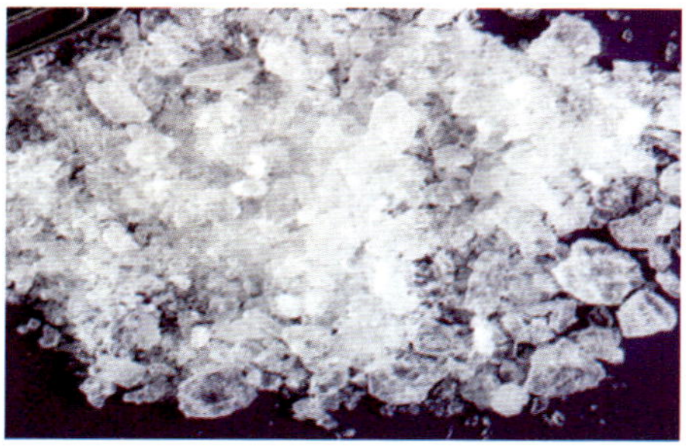

图 1-6　冰毒

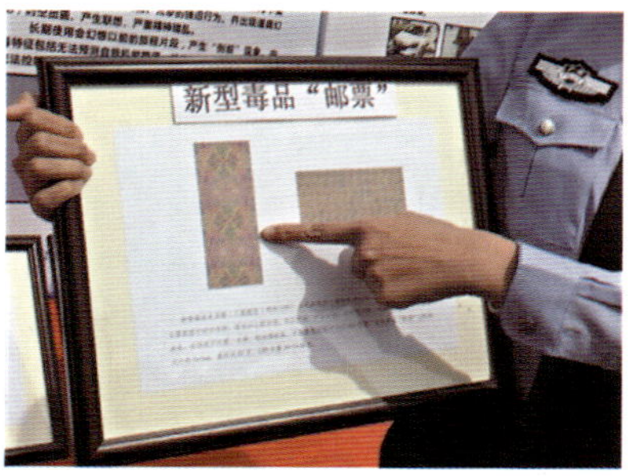

图 1-7　LSD“邮票”

小案例

"丧尸浴盐"

2012年5月，31岁的美国男子鲁迪·尤金突然袭击路边流浪汉，并将受害者的脸全部咬下来，警察到达现场后，他仍然没有停止袭击，直到被当场击毙。"食脸男"事件引发了人们的大量猜测，有人声称他的DNA（脱氧核糖核酸，deoxyribonucleic acid）与人类不符，也有人认为他可能是感染了丧尸病毒。根据美国警方的通报，他服用了一种被称为"丧尸浴盐"的新型合成毒品。

3）兼具兴奋和致幻作用的毒品，如亚甲基二氧甲基苯丙胺（俗称摇头丸），如图1-8所示。

4）以中枢抑制作用为主的毒品，如三唑仑（图1-9）等。

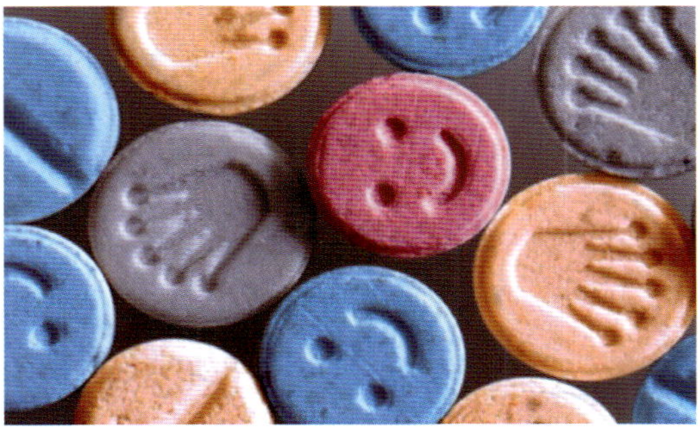

图1-8 摇头丸

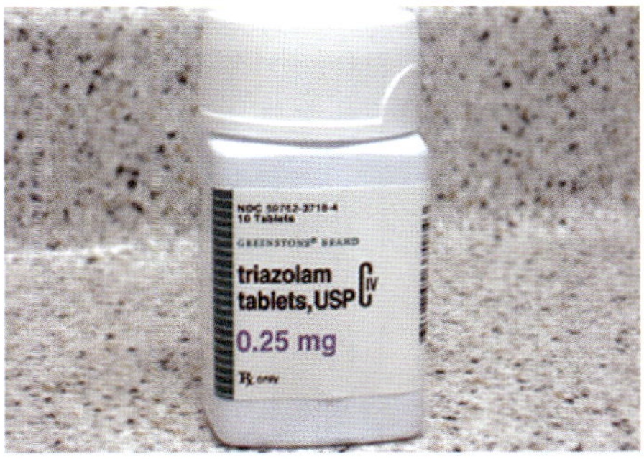

图1-9 三唑仑

小知识

传统毒品与合成毒品的区别

1．历史来源

传统毒品的历史久远，古人很早就能从某些植物中提取具有麻醉和致幻作用的药剂。早期，这些药剂被用于医疗麻醉和宗教仪式。随着技术的发展，人们通过提纯生产出毒性更强的药剂，即毒品。传统毒品从天然植物中提取，产量受作物生长周期的影响。

合成毒品是一种以化学成分为主的精神药品，它可以直接作用于人的中枢神经，起到兴奋和致幻的作用。

2．吸食方式

（1）传统毒品的吸食方式

传统毒品的吸食方式通常有烟吸、烫吸和注射等。

1）烟吸。将毒品卷成香烟的样子，像吸烟一样吸入体内，如大麻。

2）烫吸。把毒品放在锡纸上，通过加热产生毒烟雾，用嘴和鼻子吸入，如海洛因、可卡因。

3）注射。将毒品制成粉末后加水溶解，通过注射器注入体内。

（2）合成毒品的吸食方式

合成毒品的吸食方式有溜冰、鼻吸和吞食。

1）溜冰。使用装水的饮料瓶、点火工具、吸管和锡纸，将烟气通过水过滤后吸入体内，常用于冰毒、麻古的吸食。

2）鼻吸。把粉状毒品分成条状，用吸管吸入鼻腔，常用于 K 粉的吸食。

3）吞食。直接放入嘴里通过胃肠道吸收，再进入血液循环，如摇头丸。

3．吸食后的反应

传统毒品大多是麻醉性镇静、镇痛类药物，如海洛因。人吸食后，一方面会很安静、容易入睡，但睡眠浅而且容易醒；另一方面通过兴奋中枢神经系统中的阿片受体，产生强烈的快感，身体处于极度舒服的状态，正是这种短暂的快感让吸毒者欲罢不能。

合成毒品多为化学合成类的兴奋剂。以冰毒为例，人吸食冰毒后会在几天内处于极度亢奋状态，容易因兴奋而失去理智，所以冰毒也是精神类毒品，对人脑造成的伤害巨大。

3．新精神活性物质

近年来，新精神活性物质在世界范围内迅速蔓延。据联合国毒品和犯罪问题办公室（The United Nations Office on Drugs and Crime，UNODC）报告，全球已累计发现新精神活性物质 789 种，远超国际禁毒公约管制物质数量的 234 种，遍布全球 107 个国家和地区。新精神活性物质包含了部分前述合成毒品，还包含一些新出现的精神活性物质，也被称为第三代毒品。

（1）新精神活性物质的分类

根据毒品的结构特征和作用药理，UNODC 将新精神活性物质分为七大类，如图 1-10 所示。

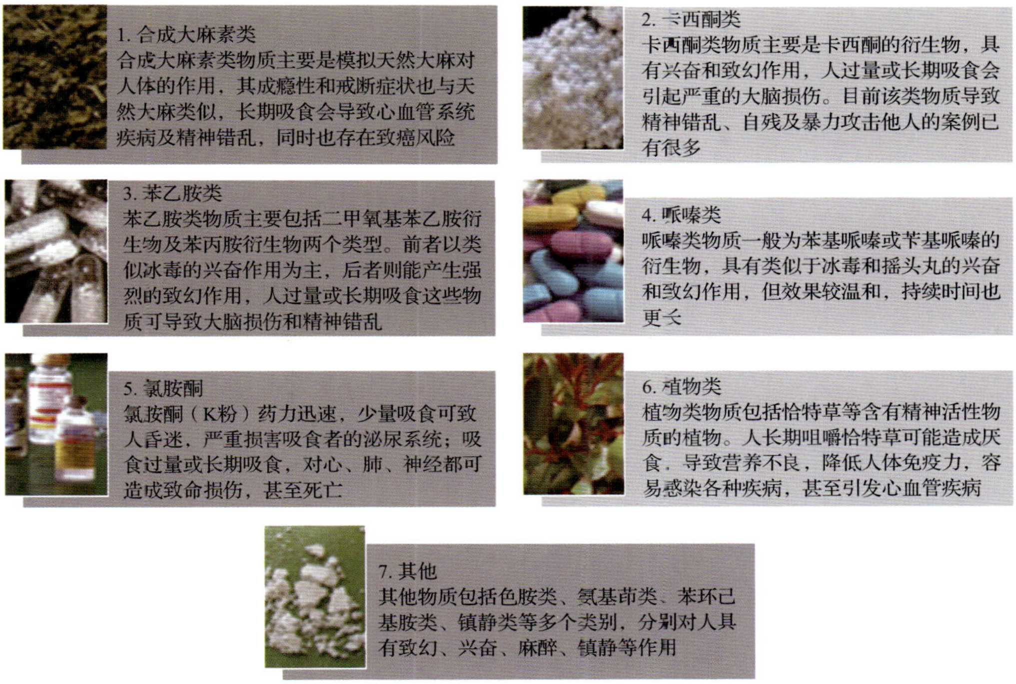

图 1-10　新精神活性物质分类

以上类别中，合成大麻素类和卡西酮类包含的物质数量最多，其滥用也最为严重。在国家毒品实验室对全国毒品样品的检测中，除植物类物质外所有类别的新精神活性物质都有发现。

（2）新精神活性物质的危害

1）滥用成瘾。新精神活性物质成瘾性极强。人吸食后，生理系统成瘾和慢性中毒的主要特征是滥用时的中枢神经兴奋和戒断后的中枢神经抑制交替出现。新精神活性物质会直接作用于中枢神经，破坏人神经元的平衡和稳定。

2）损害健康。新精神活性物质所导致的人体健康损害包括对神经系统和心血管系统等方面的损害，滥用后极容易导致急性过量中毒，无法进行抢救。因此，新精神活性物质对人体的损害丝毫不亚于传统毒品和合成毒品。新精神活性物质对人直接的影响就是导致吸食者精神错乱，诱发暴力案件。卡西酮类、苯乙胺类及其他新精神活性物质中的色胺类具有致幻作用，人大量吸食后可能引起偏执、焦虑、恐慌、被害妄想等反应，甚至导致精神错乱，进而自残或暴力攻击他人，并损害吸食者的健康，诱发各类疾病甚至死亡。

人吸食新精神活性物质后常会出现心跳加速、血压升高、肝功能衰竭等急性中毒症状，引发抽搐、休克、脑卒中，甚至死亡。

3）伪装性强。目前，新精神活性物质的滥用主要集中在欧洲、北美洲等发达地区。2016 年，我国共发现 22 种可直接吸食的新精神活性物质制品，主要由云南、湖北、辽宁等地公安机关在娱乐场所中缴获。从外观看，这些制品以香料、花瓣、烟草及电子烟油等形态出现，与海洛因、冰毒等常见毒品相比伪装性更强，如图 1-11 所示。

4）难以禁止。境内外的毒贩一旦发现某品种被列入管制目录，就会在短时间内研制出新的非列管新精神活性物质。现在，全球已发现的新精神活性物质品种从 2012 年的 7 类 251 种增加到 2017 年的 9 类 789 种，报告发现的国家和地区由 2012 年的 70 个增加到 2016 年的 107 个。

在 2001～2014 年，我国先后将氯胺酮等 14 种新精神活性物质列入管制目录。2015 年 10 月，国家禁毒委员会办公室会同国家食品药品监督管理总局（现为国家市场监督管理总局）、国家卫生和计划生育委员会（现为国家卫生健康委员会）和公安部实施了《非药用类麻醉药品和精神药品列管办法》，一次性列管 116 种新精神活性物质。2017 年分两批次将卡芬太尼、U-47700 等 8 种新精神活性物质列入管制目录。自 2018 年 9 月 1 日起，将 4- 氯乙卡西酮等 32 种物质列入管制目录。至此，我国列入管制目录的新精神活性物质已达 170 种。

新型毒品预防警示片

小案例

小心“蓝精灵”

纽约 *The Cut* 杂志有一段关于女性在酒吧被人在酒杯中暗中投入了氟硝西泮（我国称为“蓝精灵”）后的描写：“我在布鲁克林的一家酒吧里和我的男友约会。整个晚上我只喝了一杯半的金汤力，并且我似乎从未放下我的酒杯。那杯酒很甜，令我很放松，我聊天聊得很开心。但我的记忆似乎停止于此了，当我试图回忆那晚时，我只能想起我的朋友在戏弄我，我在大笑，周围的人都显得无比高大。除此之外，我再也想不起任何事情了。”

图 1-11　识破毒品的伪装

（二）按自然属性分类

按自然属性，毒品可分为麻醉药品和精神药品。

1．麻醉药品

麻醉药品是指对人体中枢神经系统有麻醉作用，人连续使用能产生依赖性的药物，如鸦片类毒品。

2．精神药品

精神药品是指作用于人体中枢神经系统，使之兴奋或抑制，人连续使用能产生依赖性的药品，如甲基苯丙胺。

（三）按来源分类

按来源，毒品可分为天然毒品、半合成毒品和合成毒品三大类。

1．天然毒品

天然毒品是直接从植物中提取的毒品，如鸦片。

2．半合成毒品

半合成毒品是由天然毒品与化学物质合成而得的，如海洛因。

3．合成毒品

合成毒品是完全用有机合成的方法制造的毒品，如冰毒。

（四）按对人体中枢神经系统的作用分类

按对人体中枢神经系统的作用，毒品可分为抑制剂、兴奋剂和致幻剂等。

1．抑制剂

抑制剂能抑制人体中枢神经系统，具有镇静和放松作用，如鸦片。

2．兴奋剂

兴奋剂能刺激人体中枢神经系统，使人产生兴奋感，如冰毒。

3．致幻剂

致幻剂能使人产生幻觉，导致自我歪曲和精神分裂，如麦司卡林（三甲氧苯乙胺）。

三、毒品的基本特征

毒品的基本特征如下。

1）成瘾性（或依赖性）。毒品会使人的身体和心理产生依赖感，并在停止使用后产生戒断症状。

2）滥用性（或耐受性）。吸毒人员会无节制、纵欲式地使用毒品。随着时间的推移，他们的身体对毒性的耐受性加强，毒品用量会越来越大。

3）危害性。毒品对吸食者的身心健康及社会治安都有巨大的危害。

4）非法性。毒品受国家法律法规管制，种植、生产、运输、贩卖、吸食毒品等均属违法行为，会依法受到相应的处罚。

第二节　全球禁毒史

案例导入

洪秀全亲作“禁烟歌”

早在太平天国运动爆发之前，洪秀全就在家乡编作《原道救世歌》，并积极推广传唱，其中就有“他若自驱陷阱者，炼食洋烟最癫狂，如今多少英雄汉，多被烟枪自打伤”的歌词。他还作打油诗，劝人们勿染鸦片：“烟枪即铳枪，自打自受伤。多少英雄汉，弹死在高床。”起义后，为保证军队的纪律和战斗力，洪秀全颁布了许多文件，严禁太平军吸食鸦片，违者斩杀无赦，贩卖者和知情不报者与之同罪。定都天京（今南京）后，太平军对天京境内的民众一一审查，看到面色不佳者就要询问其是否吸食鸦片，还要检查手指，手指发黄者都会被隔离关押，观察他们是否有鸦片上瘾的症状。最后确定吸食鸦片的人，必须强制戒毒，一个月后犯者戴枷三个星期，两个月后仍犯者戴枷七个星期，三个月后再犯者直接处死。当时，丞相陈桂堂的部下检举他吸食鸦片，洪秀全查实之后，毫不犹豫将丞相处以极刑，以儆效尤。此外，太平军还四处设置关卡，仔细搜查过往货物，若被查出烟具，无论大小，都严加惩处。严厉的禁毒政策令当时在此地区的所有烟民和从事鸦片种植、贩卖的人闻风丧胆。

太平天国不仅靠严刑峻法营造禁毒氛围，还十分注重宣传教育工作。据时人笔记记载，太平军所到之处，均在全体军民中劝吸鸦片者禁烟，“先以妻子衣食为喻，继以精神血气父母遗体为喻，长篇累牍，苦口婆心”。这些努力一度使鸦片在太平天国统治区内几乎禁绝。尽管鸦片的价格一跌再跌，却再没有人来购买。1862年，一位外国商人在写给香港洋行的信中抱怨道，过去两周一箱鸦片都没有卖出去，生意快要做不下去了。

可惜的是，太平天国禁毒斗争的胜利果实并没有维持多久。一些奸诈的鸦片商为了维持利润，往往会雇佣一些有经验、熟悉线路的经纪人，躲开太平军的关卡，在各地暗中进行鸦片贸易。到了后期，太平天国内乱频发，再加上战斗频仍，政权不保，更无暇顾及鸦片问题，甚至有的领导人和军队将领都开始吸食鸦片。等到清军攻破天京、太平天国政权覆亡后，江浙地区的禁毒胜果也自然而然付诸东流，鸦片又重新在这片土地上肆虐横行。

（资料来源：http://history.people.com.cn/n/2015/0625/c372326-27214402.html.）

相关知识

一、国际禁毒大事记

1909年2月1日，国际鸦片委员会会议在中国上海召开，史称“万国禁烟会”，来自中国、美国、英国、法国、德国、俄国、日本、意大利等13个国家的41名代表，共同商讨毒品的国际管制问题，此为历史上第一次国际禁毒会议。

1911年12月1日，中国、美国、日本、英国、德国等12个国家在荷兰海牙召开国际禁毒会议。1912年1月23日会议结束时，参会国家代表草签了第一个国际禁毒公约——《海牙禁止鸦片公约》。

1913年6月，有34个国家参加的第二次海牙国际禁毒会议召开。

1914年7月，第三次海牙国际禁毒会议召开。

1924年11月17日，国际毒品顾问委员会提议，41个国家及地区代表在日内瓦召开了两次国际禁毒会议。1924年12月11日，参会代表签订了《关于熟鸦片的制造、国内贸易及使用的协定》，后又于1925年2月19日会议结束时签订了《日内瓦鸦片公约》（1925年《国际鸦片公约》）。

1931年7月13日，在日内瓦签订了《限制制造及调节分配麻醉品公约》，以更加严格地限制麻醉药品的制造。

1931年11月27日，在曼谷签订了《远东管制吸食鸦片协定》。

1936年6月26日，日内瓦国际禁毒会议上通过的《禁止非法买卖麻醉品公约》，第一次把非法制造、变造、提制、调制、供给、兜售、分配、购买麻醉品等行为规定为国际犯罪。这是国际禁毒立法上的一项重大突破。

1948 年 11 月 19 日，联合国 94 个成员国共同签署特别议定书，规定将人工合成麻醉品置于国际管制之下。

1961 年 3 月 30 日，联合国大会通过了《1961 年麻醉品单一公约》，将 1912 年以来国际上的多个有关麻醉品国际管制条约、协定、议定书等归总为一个单一公约。

1971 年 2 月 21 日，联合国在维也纳签订了《1971 年精神药物公约》，建议各国对精神药物实行管制。

1972 年 3 月 25 日，联合国在日内瓦正式订立了《修正 1961 年麻醉品单一公约议定书》，并签订了《经〈修正 1961 年麻醉品单一公约议定书〉修正的 1961 年麻醉品单一公约》。

1981 年 12 月 16 日，联合国通过了“国际药物滥用管制战略”，将国际禁毒战略归纳为“减少毒品的非法供应”和“降低毒品的非法需求”两大目标。此后至 20 世纪 90 年代，增添了“减少滥用毒品的危害”的第三目标。

1984 年 12 月，第 39 届联合国大会通过了《管制麻醉品贩运和麻醉品滥用宣言》。

1987 年 6 月 26 日，联合国维也纳国际禁毒会议通过了《麻醉品滥用和非法贩运问题国际会议宣言》和《管制麻醉品滥用今后活动的综合性多学科纲要》两个决议，并确定每年的 6 月 26 日为国际禁毒日。

1988 年 12 月 20 日，联合国在维也纳签订了《联合国禁止非法贩运麻醉药品和精神药物公约》，该公约第一次将毒品犯罪规定为国际犯罪。

1990 年 2 月 20～23 日，“国际合作取缔麻醉品和精神药物非法生产、供应、需要、贩运和分销问题的联大特别会议”在纽约举行，大会通过了《政治宣言》和《全球行动纲领》。

1990 年 4 月 9 日，世界部长级反毒品大会在伦敦召开，100 多个国家的部长级官员和反毒品专家参加大会，旨在密切国际合作，反对毒品走私。

1990 年，联合国大会决定将联合国原负责管制麻醉品滥用工作的三个机构合并为一个机构，并于 1991 年 1 月正式成立了联合国国际麻醉品管制署。

1991 年 4 月 30 日，联合国麻醉品委员会召开了第 34 届反毒品会议。

1997 年 11 月，联合国成立了联合国毒品和犯罪问题办公室（UNODC），总部设在奥地利维也纳。该机构的任务是在国际范围内协调麻醉品管制活动。

2016 年 4 月 19 日，世界毒品问题特别联大在纽约联合国总部开幕。此次会议通过的成果文件《我们对有效处理和应对世界毒品问题的共同承诺》为未来打击毒品和犯罪问题提出了多项具体行动建议。

至此，在 UNODC 及各国政府的共同努力及协作下，全球毒品问题得到了有效控制。各国根据自身情况，每年都及时对管制麻醉药品及精神药品进行更新，以便更好地在本国有效打击毒品犯罪。

二、1949 年以前中国禁毒史

中国从明代就开始禁烟。1729 年，雍正皇帝颁布了《兴贩鸦片及开设烟馆之条例》。这一法令首次提出了用刑罚手段来惩治贩卖、教唆或引诱他人吸食鸦片的行为。该条例为世界上第一个禁烟令，它标志着禁毒史的开始，也标志着禁毒立法史的开始。巴县档案馆保存的嘉庆二十一年（1816 年）的禁烟告示如图 1-12 所示。1813 年，嘉庆皇帝颁布了中国历史上第一道惩办吸毒者的法令——《吸食鸦片治罪条例》，首开以刑法手段制裁吸毒者的先河。

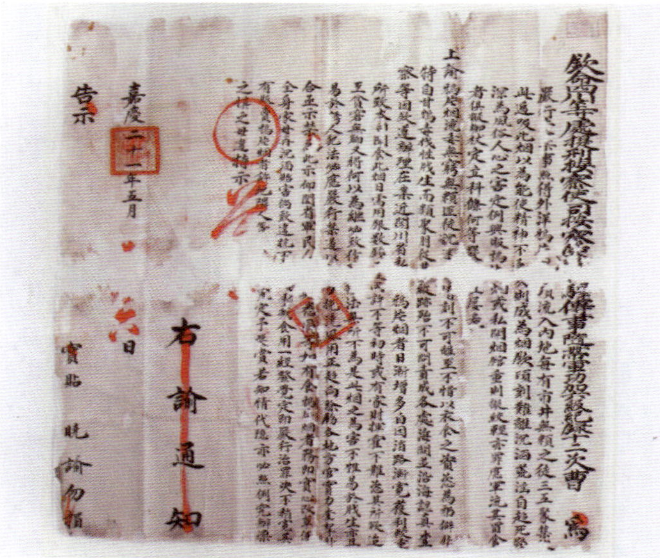

图 1-12　巴县档案馆保存的嘉庆二十一年（1816 年）的禁烟告示

然而到了 1820 年，英国输入鸦片增至 5000 余箱（每箱 120 斤）。道光皇帝即位以后，虽然多次下令禁止输入和吸食鸦片，但是鸦片输入数量依然急剧增加。道光三年（1823 年）颁布了《失察鸦片条例》，道光十一年（1831 年）颁布了禁种条例，道光十八年（1838 年），再次颁布了《钦定严禁鸦片烟条例》，将清廷历次发布的有关禁贩、禁吸、禁种的规定合编为 39 条，成为我国历史上第一部综合性的“禁毒法典”。

鸦片大量输入及吸食鸦片者增多，引起清朝经济、政治、社会危机，故刑部左侍郎黄爵滋主张以死刑惩治违禁者，希望能够扭转危险局面。道光皇帝命各省督抚就禁烟问题各抒己见。湖广总督林则徐奏请禁烟，并拟禁止章程六条。他警告说：“若犹泄泄视之，是使数十年后，中原几无可以御敌之兵，且无可以充饷之银。”林则徐的意见，促成道光皇帝下决心严禁鸦片。

在 1838 年和 1839 年，中国开展了一场轰轰烈烈的禁烟运动。当时，直隶总督琦善也认真禁烟，“在大沽一带金广兴洋船上，拏获烟土八十二口袋，计重十三万一千五百余两。并取获烟具军械”（《清实录·道光朝实录》卷三百十四）。1839 年 6 月 3 日，林则徐在虎门销烟（图 1-13），这是世界上第一次大规模查禁鸦片的集中行动，林则徐被国际社会公认为世界禁毒先驱。

图 1-13　林则徐虎门销烟

在中国的禁毒史上，万国禁烟会是不得不提的一个重要转折点。这是一次代表着中国和西方国家在禁毒方面达成一致意见的会议。1909 年 2 月，国际鸦片委员会会议在中国上海外滩汇中饭店（今和平饭店南楼）召开，史称“万国禁烟会”。这是世界上第一次国际禁毒会议。

三、中华人民共和国成立以来的禁毒里程碑

回顾中华人民共和国成立以来我国禁毒工作的历程，四件具有里程碑意义的大事集中代表了各个时期我国的禁毒工作，突出反映了我国禁毒斗争的历史沿革，充分彰显了我国厉行禁毒的一贯立场和主张。

（一）第一个里程碑

1950 年 2 月 24 日，中央人民政府政务院发布《严禁鸦片烟毒的通令》，我国开展了声势浩大的禁烟运动，禁绝了为患百余年的鸦片烟毒。

《严禁鸦片烟毒的通令》发布后，党和政府坚持严厉惩办与改造教育相结合，收缴毒品、禁种罂粟、封闭烟馆，严厉惩治制贩毒品活动，8 万多名毒贩被判处刑罚，2000 余万名吸毒者被戒除毒瘾，并结合农村土地改革根除了罂粟种植。短短 3 年时间，就

基本禁绝了为患百余年的鸦片烟毒。至此，从 20 世纪 50 年代初到 70 年代末，我国以“无毒国”享誉世界。

（二）第二个里程碑

1990 年 12 月 28 日，第七届全国人民代表大会常务委员会第十七次会议通过了《关于禁毒的决定》，我国禁毒工作开始进入法治化阶段。

《关于禁毒的决定》为禁毒工作提供了有力的法律保障，在相当长一段时期内发挥了重要作用。《关于禁毒的决定》颁布后，中共中央政治局常务委员会于 1990 年 12 月专题研究禁毒工作；中共中央、国务院于 1991 年 2 月下发加强禁毒工作的五号文件；国务院成立全国禁毒工作领导小组，对外称国家禁毒委员会，并于 1991 年 6 月召开第一次全国禁毒工作会议，在全国范围部署禁毒工作。

（三）第三个里程碑

1998 年 5～7 月，中共中央政治局常委到军事博物馆（图 1-14）观看全国禁毒展览，极大地推动了我国禁毒工作。

图 1-14　1998 年首届全国禁毒展览举办地——军事博物馆

这次展览，被当时的媒体称为中华人民共和国成立以来展期最长、观众最多、规格最高、社会反响最大、教育效果最好、影响最为深远的一次展览。这次展览后，国务院于 1998 年批准公安部成立了禁毒局，于 1999 年重新组建了新一届国家禁毒委员会，于 2000 年发表了《中国的禁毒》白皮书。国家禁毒委员会于 1999 年 8 月在包头召开了第三次全国禁毒工作会议。我国禁毒工作在社会主义市场经济条件下进入新阶段。

（四）第四个里程碑

2005 年，为了深入推进禁毒工作，实现依法禁毒，保障禁毒工作深入持久开展，党中央、全国人大、国务院部署制定《中华人民共和国禁毒法》，并于 2007 年 12 月 29 日第十届全国人民代表大会常务委员会第三十一次会议通过，自 2008 年 6 月 1 日起施行，为在新形势下全面加强禁毒工作提供了有力的法律保障。这标志着党和国家把禁毒工作纳入了经济社会协调发展的大局，标志着我国禁毒工作由此进入到依法全面推进的新的历史阶段，标志着我国禁毒斗争已经站在了新的历史起点上。

第三节　全球毒品形势

案例导入

比特币与毒品

互联网给人们的生活带来了很多便利，但也给不法分子提供了可乘之机，如用比特币交易致命的阿片类药物——芬太尼，就是典型事例。

比特币有匿名性，所以毒贩在进行交易时，首先就会想到用比特币来进行结算。

犯罪分子在网上交易毒品，并使用加密货币来掩盖自己的罪行，他们已经把互联网变成了交易芬太尼的主要渠道。芬太尼经销商发来的电子邮件给潜在买家传达了一个重要的信息。经销商称："我们只接受比特币付款。交易者使用比特币付款后，我们可以让他们享受到更优惠的价格，可以无限量地订购芬太尼。"

美国俄亥俄州共和党参议员罗布·波特曼称，2016 年 7 月俄亥俄州在三天内发生了 25 起卡芬太尼（芬太尼类物质的一种）服用过量事件。据有关报道，六家非法销售芬太尼的网站被曝光，这些网站都将比特币列为首选的支付方式。加密货币被用于购买芬太尼和其他毒品，导致吸毒死亡人数激增。

美国警方表示，用加密货币在网上购买毒品的犯罪分子利用国际邮件系统中的一个技术漏洞将这些毒品运往美国。美国邮政总局发言人戴夫·帕滕海默称，从 2016 财年至 2017 财年，他们查获的包括芬太尼在内的阿片类药物的数量激增了 375%。

相关知识

一、国际毒品形势

当前全球毒品持续泛滥。据 UNODC 统计，全球有 170 多个国家和地区涉及毒品贩运问题，130 多个国家和地区存在毒品消费问题，2.5 亿人沾染毒品，约占全球人口总数的 3.3%。

UNODC 指出，犯罪集团和恐怖组织的日益猖獗都与毒品有关。近年来，根据各国犯罪数据统计得出，澳大利亚约有 60% 的犯罪嫌疑人在作案时吸食了毒品；美国联邦监狱有半数囚犯是因为毒品入狱；意大利约有 35% 的犯罪嫌疑人因为毒品相关罪行被定罪；英国也有 55% 的犯罪嫌疑人因吸食或交易毒品而入狱；全球跨国有组织犯罪集团的收入的 1/5～1/3 来自毒品销售。

UNODC 估计，全球注射毒品者有 1200 万人，其中约有 160 万人为艾滋病病毒感染者，约有 610 万人患有丙型肝炎，约有 130 万人同时携带丙型肝炎病毒和艾滋病病毒。统计显示，约有 22 万名使用毒品者死于丙型肝炎，比死于艾滋病的使用毒品者数量多出 3 倍。

二、国内毒品形势

世界范围内的毒品泛滥对中国产生严重影响，特别是“金三角”“金新月”等境外毒源地向中国的毒品渗透不断加剧，已成为中国近年来毒品犯罪高发的重要外部因素。中国国内制造合成毒品问题也较突出，毒品贩运活动持续高发多发，毒品消费市场特别是合成毒品市场规模持续扩大，毒品社会危害依然严重。

（一）毒品滥用

以 2017 年为例，2017 年，中国毒品滥用人数仍在增多，但增幅下降，现有吸毒人数约占全国人口总数的 0.18%。尽管中国在治理毒品滥用方面取得了一定成效，但毒品滥用问题总体仍呈蔓延之势，毒品种类、结构发生了新的变化。

1. 毒品滥用规模增幅下降，吸毒人员滋生持续减缓

2015～2017 年全国吸毒人员变动情况如图 1-15 所示。

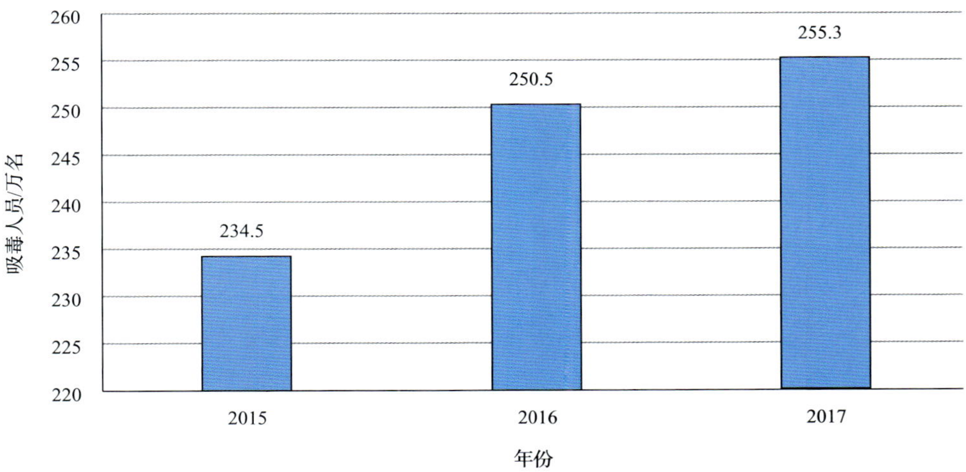

图 1-15　2015 ～ 2017 年全国吸毒人员变动情况

由图 1-15 可知，2015～2017 年我国吸毒人员虽然不断增加，但增长幅度明显下降，增长速度减缓。

2. 合成毒品滥用仍居首位，所占比例出现下降

2017 年，全国新发现吸毒人员 34.4 万名，其中各类毒品滥用比例如图 1-16 所示。

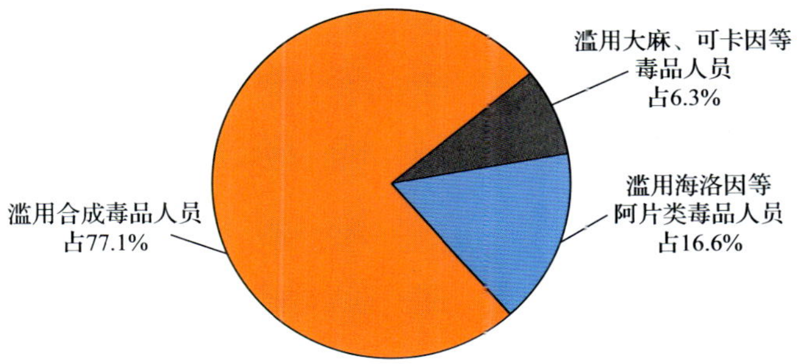

图 1-16　2017 年新发现吸毒人员各类毒品滥用比例

由图 1-16 可知，在 2017 年新发现的 34.4 万名吸毒人员中，大部分吸毒人员吸食的是合成毒品。

2017 年，全国查获复吸人员 53.2 万人次，其中各类毒品滥用比例如图 1-17 所示。

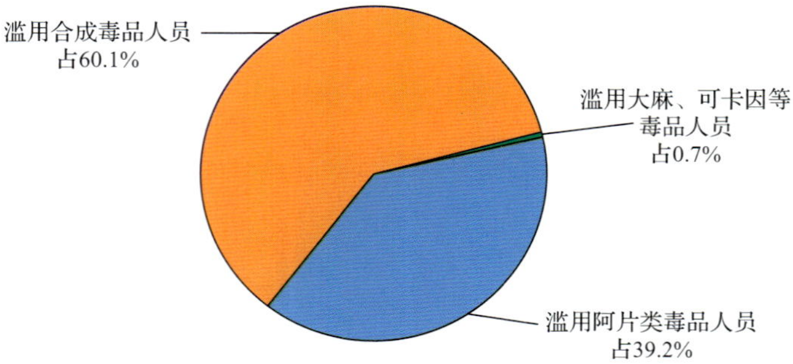

图 1-17　2017 年复吸人员各类毒品滥用比例

由图 1-17 可知，在 2017 年查获的复吸人员中，超过一半的人选择吸食合成毒品。

3．合成毒品变异加快，新类型毒品不断出现

据国家毒品实验室检测，2017 年全年新发现新精神活性物质 34 种，国内已累计发现 230 余种，尚未形成滥用规模。一些不法分子通过改变形态、包装，生产销售“咔哇潮饮”“彩虹烟（图 1-18）”“咖啡包”“小树枝”等新类型毒品，花样不断翻新，具有极强的伪装性和迷惑性。

图 1-18　彩虹烟

4．毒品滥用危害极大，影响社会稳定

据统计，在 2017 年全国公安机关抓获的非涉毒类刑事犯罪嫌疑人中，吸毒人员共 15.2 万名，占 10.3%。吸毒不仅严重侵害人的身体健康、销蚀人的意志、破坏家庭幸福，而且严重消耗社会财富、毒化社会风气、污染社会环境。尤其是人长期滥用合成毒品极易导致精神疾病，由此引发的毒驾肇事、自伤自残、暴力攻击等极端案件屡有发生。

（二）毒品来源

中国毒品来源于境外输入和国内制造。当前，境外毒品向中国渗透呈加剧势头。“金三角”“金新月”和南美洲三大毒源地所产毒品对中国形成全面渗透之势，境外贩毒势力与境内贩毒团伙勾结，形成贩毒网络，贩毒团伙结构更加复杂，贩毒路线不断变化，贩毒规模不断扩大，贩毒手段不断升级，现实危害性和潜在威胁进一步加大。

1．境外毒品来源

1）“金三角”毒品渗透加剧，合成毒品入境增多。

2）“金新月”毒品产量大幅增长，海洛因走私入境增多。

3）南美洲可卡因大宗过境中转增势迅猛。

2．国内毒品制造

（1）制毒窝点更加隐蔽复杂

2017 年，全国破获制造毒品案件 597 起，缴获毒品 23.3 吨，同比分别上升 1% 和 18.8%；捣毁制毒窝点 317 个，同比下降 27.6%。全国已有 29 个省份出现制毒活动，地下制毒产业链依然存在，制毒窝点逐步转向偏远、便于藏匿、易于逃离的地带。有的制毒分子甚至潜入深山林区、海上或者在改装的流动货车上制造毒品，隐蔽性、流动性明显增强，发现难度很大。

（2）制毒物品流入制毒渠道，形势严峻

2017 年，全国破获制毒物品犯罪案件 388 起，缴获易制毒化学品 2384 吨，同比分别上升 39.6% 和 50.5%，制毒物品流入制毒渠道的猖獗势头得到一定程度的遏制，“断炊效应”明显。但受制毒原料需求旺盛的影响，国内非法生产、买卖、运输和走私制毒物品违法犯罪活动依然活跃。同时，制毒物品更新换代加快，利用非列管化学品非法生产制毒物品，尤其是进口非列管化学品流入中国制毒渠道增多。

（三）毒品贩运

2017 年，全国共破获走私、贩卖、运输毒品案件 10.2 万起，抓获犯罪嫌疑人 11.5 万名，缴获毒品 49.9 吨。随着互联网、物流快递等新业态迅猛发展，不法分子越来越多地应用现代技术手段，全方位利用海、陆、空渠道走私贩运毒品，贩毒手段的科技化、智能化明显升级，主要表现在：①跨国跨境贩毒增多；②互联网成为贩毒人员勾连交易的平台；③海、陆、空仍为贩毒主要渠道；④寄递物流贩运毒品愈加突出；⑤外流贩毒活动仍很活跃。

（四）禁毒成效

2017 年，中国禁毒工作取得明显成效，禁毒形势发生了积极向好的变化，全国禁毒部门破获毒品刑事案件 14 万起，打掉制贩毒团伙 5534 个，抓获毒品犯罪嫌疑人 16.9 万人，缴获各类毒品 89.2 吨；查获有吸毒行为人员 87 万人次，其中登记新发现吸毒人员 34.4 万人；依法强制隔离戒毒人员 32.1 万人，责令社区戒毒、社区康复人员 26 万人次，戒断 3 年未发现复吸人员 167.9 万人，有力保护了公民的人身权、财产权、人格权。

2005～2017 年破获毒品刑事案件数量如图 1-19 所示。

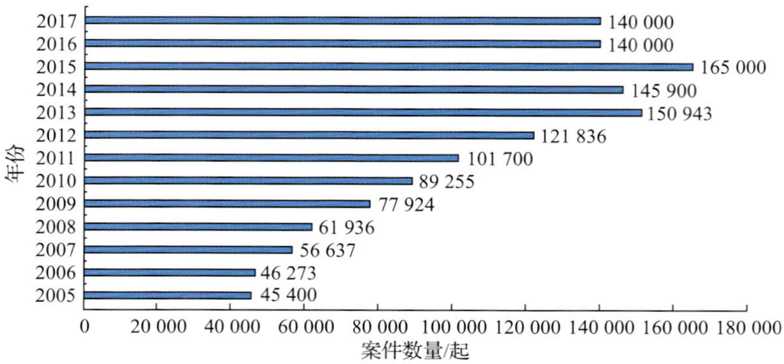

图 1-19　2005 ～ 2017 年破获毒品刑事案件数量

2005～2017 年抓获毒品犯罪嫌疑人数如图 1-20 所示。

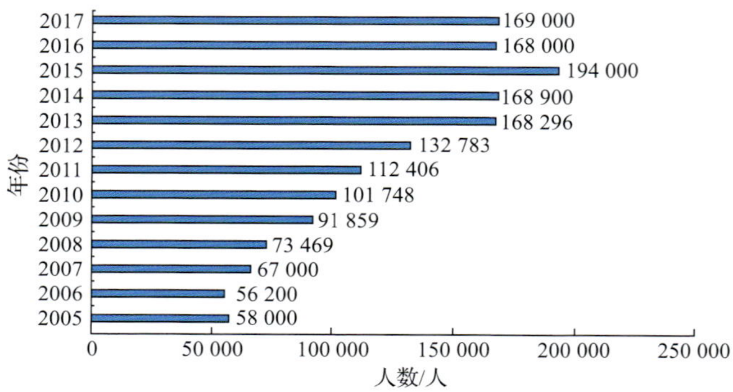

图 1-20　2005 ～ 2017 年抓获毒品犯罪嫌疑人数

本章总结

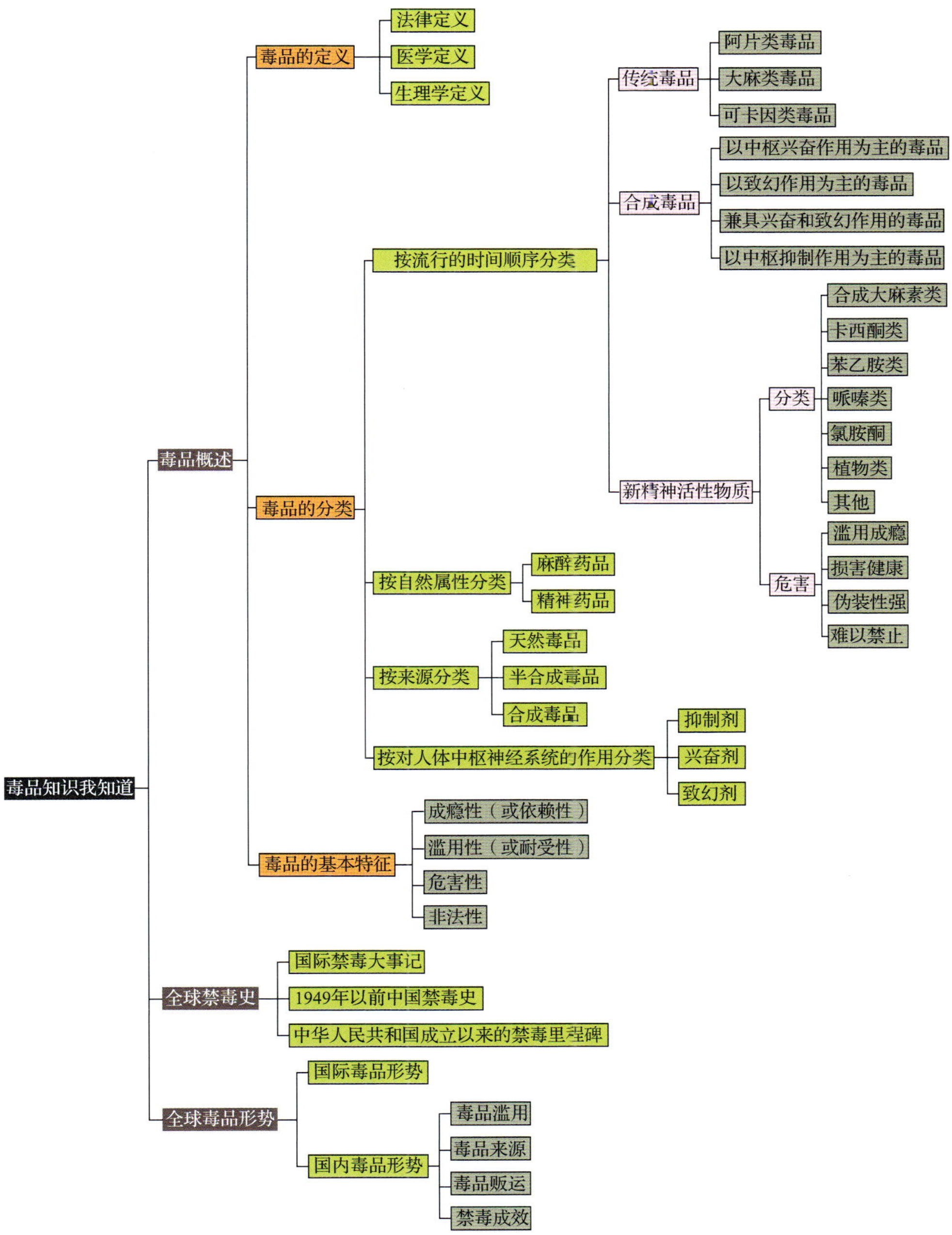
毒品知识我知道
毒品概述
毒品的定义
法律定义
医学定义
生理学定义
毒品的分类
按流行的时间顺序分类
传统毒品
阿片类毒品
大麻类毒品
可卡因类毒品
合成毒品
以中枢兴奋作用为主的毒品
以致幻作用为主的毒品
兼具兴奋和致幻作用的毒品
以中枢抑制作用为主的毒品
新精神活性物质
分类
合成大麻素类
卡西酮类
苯乙胺类
哌嗪类
氯胺酮
植物类
其他
危害
滥用成瘾
损害健康
伪装性强
难以禁止
按自然属性分类
麻醉药品
精神药品
按来源分类
天然毒品
半合成毒品
合成毒品
按对人体中枢神经系统的作用分类
抑制剂
兴奋剂
致幻剂
毒品的基本特征
成瘾性（或依赖性）
滥用性（或耐受性）
危害性
非法性
全球禁毒史
国际禁毒大事记
1949年以前中国禁毒史
中华人民共和国成立以来的禁毒里程碑
全球毒品形势
国际毒品形势
国内毒品形势
毒品滥用
毒品来源
毒品贩运
禁毒成效

练习题

一、选择题

1．“国际禁毒日”是每年的（　　）。

A．7 月 9 日　　B．6 月 26 日　　C．12 月 1 日　　D．5 月 17 日

2．第一次将毒品犯罪规定为国际犯罪的公约是（　　）。

A．《联合国禁止非法贩运麻醉药品和精神药物公约》

B．《海牙禁止鸦片公约》

C．《日内瓦鸦片公约》

D．《1961 年麻醉品单一公约》

3．20 世纪（　　），中国获得近三十年“无毒国”美誉。

A．40 年代末到 80 年代初　　B．50 年代初到 70 年代末

C．50 年代末到 80 年代初　　D．40 年代末到 90 年代初

4．根据国务院授权，（　　）负责组织开展禁毒国际合作，履行国际禁毒公约义务。

A．国务院　　B．国家禁毒委员会

C．全国人民代表大会常务委员会　　D．公安部

5．世界上第一个国际禁毒公约是（　　）。

A．《1971 年精神药物公约》

B．《海牙禁止鸦片公约》

C．《1961 年麻醉品单一公约》

D．《联合国禁止非法贩运麻醉药品和精神药物公约》

6．虎门销烟是从（　　）开始的。

A．1839 年 6 月 3 日　　B．1840 年 6 月 9 日

C．1841 年 7 月 17 日　　D．1842 年 10 月 10 日

7．情绪暴躁而引发针对他人的肢体暴力（如啃脸、咬耳）行为的“丧尸浴盐”，其主要的化学成分是卡西酮类物质，是一种新型的（　　）。

A．传统毒品　　B．合成毒品　　C．新精神活性物质

二、判断题

1．鸦片是一种无色、无味的物质。（　　）

2．按药物对人体大脑中枢神经所产生的作用，可将毒品分为麻醉药品和精神药品。（　　）

3．甲基苯丙胺俗称冰毒，是以中枢兴奋作用为主的合成毒品。（　　）

4．K 粉为可卡因类毒品。（　　）

5．摇头丸兼具兴奋和致幻作用，是一种合成毒品。（　　）

6．传统毒品一般是指鸦片、海洛因、大麻等流行较早的毒品。（　　）

第二章　毒品危害我明了

生活中，有人也许会觉得毒品离自己很遥远，所以并不需要了解毒品的危害。还有人认为，只要自己不吸毒，毒品就不会危害自己。甚至有人认为，毒品的危害是从事禁毒宣传的相关机构及人员故意编造出来吓唬大家的，毒品其实没有那么吓人。

真的是这样的吗？其实不然。毒品离我们并不遥远，它对国家、社会及个人造成的危害巨大，即使我们不吸毒，或许也会受到毒品带来的伤害。因此，我们只有详细了解毒品的危害，才能更好地抵制毒品。

第一节　社会危害

案例导入

吸毒害人又害己

郗某、马某夫妻二人因吸毒耗费大量钱财，为了达到长期吸食毒品的目的，他们通过“以贩养吸”的方式长期向他人出售毒品，以获取购毒钱款。另外，马某在怀孕期间仍吸食毒品，导致女儿一出世就出现痉挛的症状。每逢毒瘾发作，马某便将无辜的孩子当成发泄的对象。为满足毒瘾，郗某、马某二人还将老人遗弃。最终，郗某因贩卖毒品被判处无期徒刑，马某被判处有期徒刑八年。

相关知识

一、吸毒影响社会安定

（一）吸食毒品引发违法犯罪

吸毒与犯罪是一对孪生兄弟，吸毒者在耗尽个人和家庭钱财后，为了维持吸毒，往往会铤而走险，走上犯罪道路。

小案例

模仿恶习，步入“毒”途

阿兵年幼时其母病亡，其父忙于生计无暇照管他。自 7 岁起，阿兵就模仿大人抽烟，并以之为荣。他说，每天放学后燃起一根香烟吞云吐雾，走在同学中间感觉特有面子。14 岁那年，读至初一的阿兵辍学了，终日在社会上游手好闲。不久，他结识了乡里一个做餐饮生意的人。慢慢地，阿兵发现了这个人原来是毒贩，并认为此人很“酷”。后来，阿兵开始吸食毒品。由于无钱购买毒品，阿兵便以赌博为营生手段。后来阿兵被警方抓获，他在被审讯时因毒瘾发作口吐白沫，被强制隔离戒毒。

（二）毒瘾发作引发违法犯罪

毒品的摄入会刺激人的中枢神经系统，会对大脑造成严重破坏。人的中枢神经系统有很多功能，如控制行为、动作、语言、面部表情等，如果某些功能受损就会使吸毒者做出很多匪夷所思的举动。吸毒者在吸食毒品之后会处于一种亢奋、精神活跃的状态，容易出现幻视、幻听、妄想等精神分裂症状，此时吸毒者是不受控的，可能会出现一系列症状，这些症状多是没有来由的。我们难以预测吸毒者的举动，很难及时制止。

小案例

吸毒人员持刀行凶被击毙

2016年4月16日，云南省昆明市西山区发生一起吸毒人员持刀行凶案件。当日中午12点左右，西山公安分局金家河派出所两名辅警巡逻至广福路与拥金路交叉口，发现一男子在机动车道内阻碍交通并挥舞菜刀，随后盘坐于机动车道上。在两名辅警劝离该男子的过程中，该男子突然从上衣里掏出一把菜刀追砍辅警，将其中一名辅警的左小指砍断。金家河派出所值班民警陈某鸣枪示警无效，遂向该男子腿部开了三枪。该男子中弹后抢夺一路人的电动自行车逃窜，后被民警控制，经抢救无效死亡。

（三）不可忽视的毒驾问题

毒驾是指人吸食毒品后的驾驶机动车行为。毒品刺激人的中枢神经系统，有严重的致幻性，毒驾对吸毒者个人与他人的人身与财产安全构成巨大的威胁，后果比酒驾更甚。

小案例

毒驾酿大祸

2018年4月27日，福银高速公路老河口市钟岗服务区，湖南男子张某手持螺丝刀强行把随行的亲戚赶下车，独自驾驶越野车，载着两岁的侄子在高速公路上逆行16千米，而后与一辆面包车迎面相撞，事故造成三死一伤。经过初步调查，张某在驾车前吸食过毒品。

二、吸毒影响国民素质

吸毒者身体消瘦，体力和智力水平下降，不能进行有益于社会的活动，不能为社会创造财富。

三、吸毒吞噬社会巨额财富

吸毒者不仅不会创造社会财富，还会严重损耗社会财富。一方面，国家为缉毒、戒毒每年要支出大量经费；另一方面，国家为解决因毒品产生的各种问题需要支出大量费用。

四、吸毒威胁民族存亡

在中华民族悠久璀璨的历史上，没有第二种物品像鸦片那样，动摇过中国这个古老国度的根基，并给它带来难以估量的灾难与耻辱。时至今日，毒品仍是困扰中国发展、危及社会安定、损害民众健康的重大社会问题。

第二节　家庭危害

案例导入

杀害女儿的张某

2014 年 8 月 11 日 15 时许，张某骑着电动自行车载着 3 岁的女儿外出，趁着周围无人，他用绳子将女儿吊在一村民家鸡舍外的横梁上，致使女儿当场死亡。随后，张某骑车独自一人回到暂住地。经司法鉴定，张某患冰毒所致的精神障碍疾病，导致他一直认为女儿对自己不利，从而造成人间惨剧。

相关知识

吸毒造成了大量的家庭悲剧，一旦家庭中出现一个吸毒者，就将引发贫困和矛盾，结局往往是倾家荡产、妻离子散、家破人亡。

一、吸毒耗费大量钱财

吸食毒品需要金钱作为支撑，有的吸毒者为了购买毒品变卖家中财产，以致家徒四壁。

二、吸毒会导致家庭破裂

一个人一旦染上毒瘾，就会失去义务和责任观念，容易导致家庭破裂。

三、吸毒危及下一代

孕妇吸毒将严重影响胎儿的正常发育，导致新生儿先天畸形或染上毒瘾。

当前，我国女性吸毒人数呈上升趋势。大量研究表明，毒品能对人体各器官造成不同程度的损害，影响正常生理功能。吸毒妇女一旦怀孕，还会影响腹中胎儿的正常发育，造成胎儿发育迟缓和早产，新生儿的出生体重、头围和身长也都明显低于正常新生儿。

孕妇吸毒，毒品可通过胎盘血输送给胎儿，即出现“胎儿吸毒”。孕妇定时吸毒，胎儿也得到定时的供给。在出生前，胎儿不会出现任何症状，但出生后，随着脐血管的结扎，中断了毒品的供给，一段时间后新生儿即出现戒断症状。新生儿的戒断症状一般表现为激动不安、呼吸加快、高声哭叫、睡眠障碍，还会出现鼻塞、打哈欠、打喷嚏、发热、四肢震颤、呕吐、腹泻等症状。新生儿戒断症状可持续数周或更长时间，死亡率较高。

由于吸毒可导致人体的免疫力下降，加上吸毒者往往具有不良的生活方式，很容易感染艾滋病、肝炎及各种性传播疾病。这些疾病都可通过母婴传播途径感染胎儿及新生儿。事实上，在吸毒孕妇分娩的新生儿中，患先天性梅毒、感染艾滋病的已不少见。因此，妇女吸毒不但危害自身，而且殃及后代。

第三节　吸毒者自身危害

案例导入

“白色”诱惑

2010年7月5日，广西壮族自治区桂林市灌阳县的初中一年级学生小乔因吸食毒品过量死亡。

事发当天中午，小乔从学校回到家中，当时他坐在客厅沙发上，小乔的母亲在厨房里忙着做午饭，突然听到“啊”的一声，孩子从沙发上掉在了地上，母亲听到声响出来，看到孩子手脚抽筋，马上把他扶到沙发上。

当时小乔口吐白沫倒在地上，四肢抽搐，神志不清，母亲赶紧拨打了120急救电话。医生的诊断为吸毒过量导致呼吸循环衰竭，经过几个小时的抢救也没能留住小乔的生命。同时，灌阳县公安局民警也来到医院为小乔做了尿检，证明他曾吸食K粉。

相关知识

毒品对人体的影响首先是损害人的大脑，影响中枢神经系统的功能；其次是影响心血管系统及呼吸系统功能；再次是影响生殖系统，致使吸毒者或其配偶生下畸形儿；最后是破坏人体免疫系统，使人的免疫力下降，容易感染各类疾病。

一、吸毒严重摧残人的身体

毒品会破坏人体正常机能和新陈代谢并导致多种疾病，吸食过量还会造成人突然死亡。

（一）生理依赖

毒品作用于人体，使人体机能产生适应性改变，形成在药物作用下新的平衡状态。一旦停用药物，生理功能就会发生紊乱，出现一系列严重反应，称为戒断症状。戒断症状是长期吸毒造成的一种严重的具有潜在致命危险的身心损害，通常在突然终止用药或减少用药剂量后发生。许多吸毒者在没有经济来源购毒、吸毒的情况下，或死于严重的戒断症状引起的各种并发症，或由于痛苦难忍而自杀身亡。戒断症状也是吸毒者难以戒毒的重要原因。

（二）精神依赖

毒品被摄入人体后作用于人的神经系统，使吸毒者出现一种渴求用药的强烈欲望，驱使吸毒者不顾一切地寻找和吸食毒品。一旦出现精神依赖，即使经过脱毒治疗，在戒断症状基本控制后，吸毒者要完全恢复原有生理机能也往往需要数月至数年的时间。更严重的是，吸毒者对毒品的精神依赖性难以消除，这是许多吸毒者反复吸毒的原因，也是世界医药学界尚待解决的课题。

（三）对身体产生毒性作用

毒性作用是指用药剂量过大或用药时间过长引起的对身体的有害作用，通常伴有机体的功能失调和组织病理变化。中毒的主要特征有嗜睡、感觉迟钝、运动失调、幻觉、妄想、定向障碍等。例如，海洛因属于阿片类毒品。正常人的脑内和体内的一些器官存在着内源性阿片肽和阿片受体。在正常情况下，内源性阿片肽作用于阿片受体，体，调节着人的情绪和行为。人在吸食海洛因后，内源性阿片肽的生成受到抑制，逐渐形成在海洛因作用下的平衡状态，一旦停用就会出现不安、焦虑、流泪、流涕、出汗、恶心、呕吐、腹痛、腹泻等症状。这种戒断症状带来的痛苦，反过来促使吸毒者为避免这种痛苦而千方百计地维持吸毒状态。冰毒和摇头丸在药理作用上属中枢兴奋药物，会破坏人的中枢神经系统。

（四）感染艾滋病等传染性疾病

静脉注射毒品会给吸毒者带来感染性并发症，最常见的有化脓性感染、乙型肝炎、丙型肝炎，以及艾滋病。此外，毒品还会损害神经系统、免疫系统，使吸毒者极易感染各种疾病。

二、毒品对吸毒者人格的影响

吸毒者第一次尝试都是出于某种动机，但是无论出于何种动机吸毒，他们都有一个共同点，就是具有某种人格缺陷，如轻信、盲从、逆反心理、高度敏感，一旦遇到挫折和失败便会产生过度沮丧、失意和忧伤等不良情绪，无法以有效的手段来缓解自己的焦虑、紧张等情绪。他们特别容易感受吗啡类物质的欣快作用，并利用这种欣快感来麻醉自己，帮助自己暂时摆脱应激状态下产生的失衡心理。这种人格缺陷是他们吸毒的心理原因。然而吸毒之后，毒品摧残了人的精神、销蚀了人的灵魂，导致人格进一步变恶，甚至精神堕落。

小案例

精神错乱的吸毒者

2012年6月14日，美国一女子因吸食“丧尸浴盐”而精神错乱，全身发热难耐，在街头裸奔，追打并企图掐死自己年仅3岁的儿子。警察赶到现场后，异常狂躁的女子还大声咆哮，企图袭警。后来，该女子被电击枪制服，在送往医院后死亡。

人格变异，是指人的精神活动超过正常范围，导致个体对客观现实的认识、情感、意志和个性等心理活动出现不同程度的异常。

吸毒者的人格变异具体表现在以下几个方面。

1．认识特征方面

吸毒者在看待问题时有一种特殊的病态选择，只愿看到对自己有利的一面，认识问题的主观色彩浓厚，从而形成错误的道德观念。

2．情感特征方面

经测试，吸毒者在忧虑、焦虑、敌意、恐惧、偏执等方面的指数都显著高于正常人。资料显示，吸毒者的情感类型大都以低稳定型和高度紧张的情绪焦虑型为主。

3．意志特征方面

吸毒者的意志特征呈现两极性。一方面，他们在为寻找毒品而进行各种违法犯罪活动时往往是积极的、顽固的，甚至是偏执的；另一方面，在戒除毒瘾时，其意志却极为薄弱，坚持性差，控制和支配自己行为的意志力差，甚至是带有病理性的意志缺乏。

4．个性特征方面

吸毒者表现出自控力差，易受诱惑和暗示；回避矛盾，逃避现实；较被动，多依赖；贪图享受，丧失事业心和责任感；生活中缺少符合现实的目标；只注意内心的迫切需要而不顾客观实际；对挫折的容忍力降低，经不起失败的打击和别人的批评；不能恰当地用积极的心理去战胜挫折和烦恼，性格变得更加脆弱。

人格变异使吸毒者不能真实地面对自我，往往以一个非自我的人格活在世界上，并由此引发种种矛盾行为。

小案例

吸毒人员坠楼事件

2010年10月25日21时许，吉林省龙井市一男子从某小区一居民楼四楼坠楼身亡。经调查，该男子系韩国籍公民赵某。案发当晚，该男子伙同另外四名韩国籍人员裴某、李某等共五人在其住处注射、吸食冰毒。因吸食冰毒过量，赵某产生幻觉，把其他四人当成FBI（Federal Bureau of Investigation，美国联邦调查局）派来的卧底，认为自己被FBI跟踪，便从阳台窗户跳下，当场身亡。

本章总结

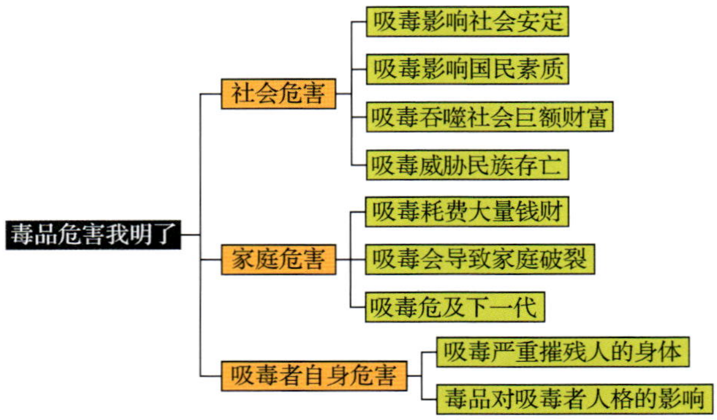
毒品危害我明了
社会危害
吸毒影响社会安定
吸毒影响国民素质
吸毒吞噬社会巨额财富
吸毒威胁民族存亡
家庭危害
吸毒耗费大量钱财
吸毒会导致家庭破裂
吸毒危及下一代
吸毒者自身危害
吸毒严重摧残人的身体
毒品对吸毒者人格的影响

练习题

一、选择题

1. 人们常说“毒品猛于虎”，说明毒品除了危害身心、严重摧残吸毒者的身体之外，还包括（　　）。

A. 对家庭的危害　　B. 对社会的危害

C. 对他人的危害　　D. 以上均正确

2. 吸毒者在吸食毒品之后，容易出现（　　）等精神分裂症状。

A. 幻视　　B. 幻听

C. 妄想　　D. 以上均正确

3. 长期吸毒会使吸毒者沉溺于虚幻的自我体验中而不能自拔，使其丧失对生活的热爱、丧失对人际交往的兴趣，而这反映毒品对青少年（　　）的危害。

A. 身体健康方面　　B. 心理健康方面

C. 社会发展方面　　D. 以上都不正确

4. 吸毒者造成的社会危害包括（　　）。

A. 影响社会稳定　　B. 影响国民素质

C. 吞噬社会巨额财富　　D. 威胁民族存亡

5. 吸毒者对家庭造成的危害包括（　　）。

A. 耗费大量财产　　B. 导致家庭破裂

C. 危及下一代　　D. 摧残自身身体

二、判断题

1. 吸毒的社会危害，包括诱发违法犯罪、影响国民素质、吞噬社会巨额财富、影响国计民生等。（　　）

2. 吸毒会败坏社会风气，腐蚀人的灵魂，摧毁民族精神。（　　）

3. 吸毒人群的意外死亡率较一般人群高。（　　）

4. 吸毒会耗费越来越多的家庭财产。（　　）

第三章　远离毒品我有招

通过第一章和第二章的学习，我们已经了解了毒品的基本知识及其危害性，相信大家已经明确了对待毒品的态度。但是只有这样的认识还不够，青少年是最易受到毒品侵害的群体，所以我们还需要学习如何远离毒品。

第一节　扫除法律盲区

案例导入 →→

因壮胆而构成贩卖毒品罪

20岁的小李是北京某大学的学生，某日舍友小黄将其拉到一旁，说有一个轻轻松松赚大钱的买卖，今天要去和买家交易。因为是第一次干，便邀请小李陪其去撑个场面。因小黄平日经常吹嘘其在夜店吸食毒品的经历，加上他遮遮掩掩的叙述，小李顿时明白所谓的“交易”就是贩卖毒品。

虽然知道贩毒是违法的，但经不住小黄的再三央求，小李渐渐心软了，心想毒品既不是自己买来的，也不是自己联系卖出去的，只是陪朋友去壮胆，即使出了事，也和自己没有关系，便答应了。

谁知，到了约定地点，小黄突然拿出两包东西递到小李手上，说放在他身上比较安全，还让他在交易时将其中一包交给自己。兜里装着两包毒品，小李紧张得大脑一片空白。几分钟后，买家前来交易，小李迅速将一包毒品递给小黄，还未来得及享受交易成功后如释重负的感觉，就被一拥而上的便衣民警抓住了。

经鉴定，小黄与小李贩卖的毒品系大麻，净重16.24克。法院经审理认为，二人违反国家对毒品的管理法规，向他人贩卖毒品，均构成贩卖毒品罪。最终，小黄被判处有期徒刑7个月，并处罚金2000元；小李因在共同犯罪中起次要、辅助作用，属于从犯，被依法从轻判处管制4个月，并处罚金2000元。

相关知识 →→

毒品犯罪行为除了显性地直接参与走私、贩卖、运输、制造毒品外，还有一些容易被忽视的隐性犯罪行为。全面了解我国关于毒品犯罪的相关法律规定，扫除法律盲区，增强法律意识，是我们远离毒品的第一步。

一、容留他人吸毒属违法行为

容留他人吸毒，是指为吸毒者提供吸毒的场所。吸毒场所既可以是主动提供的，也可以是在吸毒者的要求或主动前来时被动提供的；既可以是有偿提供的，也可以是无偿提供的。

为吸毒者提供吸毒场所的地点，既可以是自己的住所，也可以是其亲戚朋友或由其指定的其他隐蔽的场所，一般是行为人专门为吸毒者准备的比较固定的场所。

小案例

容留他人吸毒

自2017年12月起，学生徐某先后两次容留刘某在其住所吸毒。案发后，湖南省平江县人民法院对此案件进行了审理。法院审理认为，徐某明知他人吸毒而依然提供场所供其吸食毒品，其行为已经构成容留他人吸毒罪，最终判处徐某拘役5个月，缓刑6个月，并处罚金2000元。

二、在“应当知道”的情况下携带毒品属于违法行为

具有下列情形之一，结合行为人的供述和其他证据综合审查判断，可以认定其“应当知道”，但有证据证明确属被蒙骗的除外。

1）执法人员在口岸、机场、车站、港口、邮局和其他检查站点检查时，要求行为人申报携带、运输、寄递的物品和其他疑似毒品物，并告知其法律责任，而行为人未如实申报，在其携带、运输、寄递的物品中查获毒品的。

2）以伪报、藏匿、伪装等蒙蔽手段逃避海关、边防等检查，在其携带、运输、寄递的物品中查获毒品的。

3）执法人员检查时，有逃跑、丢弃携带物品或者逃避、抗拒检查等行为，在其携带、藏匿或者丢弃的物品中查获毒品的。

4）体内或者贴身隐秘处藏匿毒品的。

5）为获取不同寻常的高额或者不等值的报酬，为他人携带、运输、寄递、收取物品，从中查获毒品的。

6）采用高度隐蔽的方式携带、运输物品，从中查获毒品的。

7）采用高度隐蔽的方式交接物品，明显违背合法物品惯常交接方式，从中查获毒品的。

8）行程路线故意绕开检查站点，在其携带、运输的物品中查获毒品的。

9）以虚假身份、地址或者其他虚假方式办理托运、寄递手续，在托运、寄递的物品中查获毒品的。

10）有其他证据足以证明行为人应当知道的。

小案例

有偿带货

25岁的吴某和她的朋友到巴西旅游，就在她们回国的前一天，朋友林某委托她们将两个存有“红酒”的行李箱携带入境，并答应支付约500美元的“劳务费”，二人毫不犹豫地答应了。在海关进行出入境检查时，她们帮林某携带这两个箱子内的32瓶不同品牌的红酒引起了工作人员的注意。乍看这些红酒包装没有什么特别之处，经鉴定，液体中含可卡因成分，且重达28.2千克，吴某随即被逮捕。

吴某表示，她本想通过回国有偿带货弥补旅途费用，根本不知道朋友托她带的竟然是毒品。

三、持有毒品是一种犯罪行为

很多人从物流包裹中无意间收到毒品，却瞒而不报，心存侥幸心理，最后只能接受法律的惩罚。另外，有的人可能根本不认识毒品，或者不认为这属于违法犯罪行为，这都是毒品知识、法律知识极度缺乏的表现。

四、避免成为毒贩帮凶的方法

1）委婉地回绝朋友的帮带要求，除非自己十分了解要带的东西。

2）不要贪图帮带费，对于回报特别丰厚的有偿代运更要小心。

3）如果有陌生人想让你帮忙提行李，一定不要轻易答应。

4）保管好自己的行李，尽量不要让行李离开自己的视线，谨防有人趁你不注意时往里面偷塞毒品。

5）要有个人信息保护意识，切勿将过于详细的家庭住址填写在行李牌上；妥善处理登机牌，即使要扔掉，也要先涂抹掉二维码或将其撕成碎片。

6）非法持有毒品是一种犯罪行为，如果无意中收到毒品包裹，首先要及时上报给当地的公安机关，千万不要私自藏毒。

第二节　识破狡诈毒贩的蛊惑

案例导入

误吸毒品的素梅

2015 年，素梅上初中二年级，她有一个要好的女同学，两人经常在一起逛街玩耍。有一次，她感冒了，躺在宿舍里不思饮食。

这时，与她要好的那个女同学说："不用吃药，中午跟我出去，保证你的病马上就好。"素梅虽然有些怀疑，但还是跟着出去了。"她拿出一些粉末让我吸，我问这是什么东西，她说不用管，并说保证吸了之后就不难受了。"结果，素梅吸了，接下来两天两夜没有睡觉。而那个女同学却说，不用担心，不会上瘾，素梅信以为真。后来她才知道那个女同学的姐姐是个毒贩。如今，年仅 16 岁的素梅成为戒毒医院里最年轻的戒毒人员。

在已知的登记在册吸毒人员中，绝大多数是受毒贩蛊惑而陷入毒品的深渊之中的，案例中的素梅就是其中之一。好奇、轻信、冒险是青少年的天性，这最容易被毒贩利用。我们要通过禁毒教育，练就一双慧眼，识破毒贩花言巧语背后的阴谋，对毒品坚决说"不"。

相关知识

毒贩为了获得高额利润常常绞尽脑汁引诱他人吸毒，或是编造谎言让他人主动吸毒，或是对毒品进行包装让他人误吸成瘾。远离毒品，我们要练就一双火眼金睛，识破毒贩诡计，免受毒贩蛊惑。

一、毒贩引诱他人吸毒的惯用伎俩及背后的真相

1）谎称少量吸食毒品不会上瘾。切记，只要吸食毒品就没有不成瘾的，只是成瘾时间长短存在个体差异而已。

2）声称可以免费尝试吸食毒品。切记，天下没有免费的午餐，一旦吸食毒品，吸毒者的财产将会被吸入"无底洞"。

3）声称吸毒可以治病、可以解忧。吸毒不但不能治病，还会使吸食者产生严重的身体、心理依赖，损害大脑、神经系统等，还会祸害家庭、危害社会。

小案例

误信吸毒治病，沦为毒品的奴隶

湖北一男子方某，患有严重的关节炎，发病时疼痛难忍，一直想寻求根治病痛的办法。2014年年初，方某和朋友打牌聊天时，听信朋友声称吸食毒品可以“包治百病”，便从其手中购买了一些毒品吸食，谁知不仅没有根治病痛，反而吸毒成瘾。为了吸毒，方某将多年打工积攒的血汗钱挥霍一空，还要强忍关节炎病痛，到处打散工挣钱购买毒品，沦为毒品的奴隶。

4）鼓吹吸毒可炫耀财富。吸毒不是有钱人的标志，不能和富有、享乐画等号。

5）利用女性爱美之心，编造吸毒可以减肥的谎言。吸毒会使身体遭到严重摧残，进而暴瘦，严重损害身体健康。

二、远离毒贩诱惑的方法

1）要有戒备意识，对诱惑采取坚决拒绝的态度，不轻易和陌生人搭讪。

2）如果患病，要到正规医院医治；在生活中遇到挫折时，要通过正规途径解决。

3）如果朋友邀请自己吸毒，要果断拒绝，并向有关部门反映情况。

4）不要盲目追求刺激、与他人攀比，要树立健康向上的人生观、价值观。

5）树立健康的审美观，如果身体过于肥胖，规律饮食、适当运动才是正确的减肥方法。

三、识别伪装毒品的方法

首先，加强防范意识。在一些人群复杂的场所里，陌生人给的食物、水、饮料不能饮食，脱离过自己视线的食物、水、饮料不能饮食。其次，提升鉴别能力。正规的食品，即使是赠品也会在外包装上标识生产厂家、生产日期、保质期、成分表等信息，而新型毒品尽管在外包装上做了伪装，但往往会忽略这些细节。在看到一些包装稀奇的饮品时，我们要提高警惕，万不可轻易尝试。

小案例

可爱的“小熊饼干”

安徽铜陵民警在办理一起案件时，犯罪嫌疑人随身携带的一块“小熊饼干”引起了他的注意。随后，民警将“小熊饼干”送往铜陵市公安局刑警支队进行检验。经过检验，这块“小熊饼干”被确认为新型毒品，是将毒品混在烘焙原料中制成的，毒贩以此躲避公安人员盘查，方便运输、售卖。

第三节　远离高危环境的浸染

案例导入

酒吧庆生遇诡计

被告人曾某以提前庆祝生日为借口，约潘某到江门市蓬江区某酒吧喝酒。曾某还带来了另外两个朋友，四人一直在酒吧喝酒直至凌晨。

之后，潘某去一趟卫生间，曾某便趁潘某离开之际，将一粒含有毒品成分的药丸放进潘某的酒杯。等潘某回来后，曾某便哄潘某喝下那杯放了药丸的酒。没过多久，潘某觉得身体不舒服并意识到酒有问题，遂叫来朋友钟某带其离开。

但是想离开并不是容易的事，曾某紧追着到酒吧门口，强行拉潘某上出租车。潘某激烈反抗，曾某就叫随同过来的两个朋友一同拉潘某上车，还威胁钟某不许带潘某离去。

他们几人一直在争吵、拉扯，随后曾某报警说酒吧门口有人吸毒，等到警察到来的时候他声称潘某就是吸毒者。最后，他们被警察带走接受调查。案发当日，潘某的尿液检出毒品成分。

酒吧、KTV、洗浴中心等娱乐休闲场所是毒品违法犯罪的高发区，作为对社会公众开放的营利性场所，每天都有形形色色的人出没，不法分子造成的危害令人防不胜防。案例中，曾某对潘某的陷害让人不寒而栗。

相关知识

随着生活水平的提高，可供人们娱乐的场所越来越多，在闲暇之余约好友去酒吧、KTV休闲娱乐，本无可厚非，但是这些娱乐场所潜藏的危险因素比较多，黄、赌、毒让人防不胜防。如果不加以注意，就极有可能被毒品侵害。远离毒品，尽量少去此类场所。

一、易出现毒品的四类场所

1. 酒吧、网吧

酒吧、网吧是很多吸毒者聚集的场所，他们习惯于一边吸食毒品一边饮酒、打游戏。在娱乐场所中吸毒对吸毒者来说是一种享受。

2. 休闲会所、农家乐

休闲会所和农家乐是优雅、安静、舒适的休闲空间，也属于娱乐服务型场所。吸毒者选择休闲会所和农家乐吸毒，主要是因为这两类场所比较封闭，在此吸毒不容易被人察觉。

3. 舞厅、KTV

不少吸毒者经常在舞厅、KTV等娱乐场所吸食毒品，而且会将某些毒品混在一起兜售给其他吸毒者。他们吸食的这类毒品通常具有兴奋和致幻作用，因此他们愿意配合劲爆的音乐吸食。

4. 宴会厅、夜总会

俱乐部毒品一般是吸毒者在宴会厅、夜总会等娱乐场所吸食的毒品。在吸毒者眼中，这样的场所比较上档次。

二、防止在娱乐场所陷入毒品圈套的方法

1）拒绝吸毒同伴的邀请。

2）不接受陌生人递送的香烟或饮料，离开座位时最好由值得信任的人看管食品。

3）发现周围人行为异常，要注意保护自己。

4）不为他人保管、投递、买卖不明物品。

5）遇到吸毒、贩毒行为时，要尽快离开，并在确保自身安全的前提下拨打报警电话。

“网红饮料”竟是新型毒品

三、判断自己是否被动吸食毒品的方法

首先，看自己是否出现吸毒的症状。一般来说，第一次吸毒的排斥感是非常强烈的，很多人第一次吸食毒品时会有呕吐、眩晕等不适感。其次，可以使用专门用于毒品检测的尿检板进行检测，如果结果是阳性则代表吸食了毒品，要及时就医。

第四节　警惕情感、情绪的操控

案例导入

拼命合群　吸食毒品

年满 21 岁的小琴，已经有 7 年的吸毒史，到底是什么原因让一个女生深陷毒品的深渊呢？

据小琴回忆，上小学的时候，她是一个品学兼优的孩子，是父母的骄傲。小琴上了初中后开始贪玩，喜欢跟不爱读书的同学一起逃课、上网，并结交了一些社会青年。初中二年级那年，在校外朋友的怂恿下，小琴第一次尝试了吸毒。小琴说："他们就叫我试了一下，第一次吸毒的时候，全身感觉很难受，吐完以后他们就觉得我差劲。"被朋友看不起，小琴很难过，为了表现出自己的合群，小琴决定再次吸毒。

毒品带来的刺激，很快让小琴沦陷在毒品的诱惑里。后来，小琴认识了吸毒的男友，两人一起吸食毒品，这似乎成了小琴最快乐的事。沉迷吸毒后，小琴不但无心学业，还渐渐迷失了自己。

小琴走上吸毒道路的主要原因就是同伴压力。同伴压力指同伴互相比较中产生的心理压力。同伴团体对个人施加影响，会促使个人改变自己的态度、价值观或行为，以遵守团体准则。

相关知识

青少年时期是人生的黄金时期，也是生理和心理急剧变化的时期。身体的变化会引发心理变化，社会体验的增加让青少年越来越重视同伴群体的价值观，同时依赖对象也逐渐由父母转向同伴。在这个过程中，一些情感和情绪问题很容易将青少年引上吸毒、贩毒的不归路。要远离毒品，正确处理自己的情感、情绪很关键。

一、同伴压力

青少年很难避免来自同伴的压力，因为大多数人希望融入朋友的圈子并受到欢迎。

对青少年来说，在诱使吸毒的原因中，最重要的就是同伴影响。据调查，有70.1%的人明确知道吸毒是违法的，但在朋友唆使、诱导下，他们开始尝试吸食毒品，逐渐成瘾后，便放弃甚至改变自己原有的价值认同，由被动吸毒变为主动吸毒。

面对同伴劝诱吸毒时的处理办法有以下几种。

1）明确拒绝。例如，你可以直截了当地说："不，我不想尝试，因为我明白它的危害有多大。"

2）提出一个替代的想法。例如，你可以委婉地说："为什么吸毒呀？咱们去看电影吧。"

3）找借口离开。例如，你可以跟同伴说："我还有其他事情，先走啦。"

4）真诚劝解朋友。例如，你可以真诚地对朋友说："吸毒对个人和社会危害极大，不要一错再错了。"

5）转移对方的注意力。例如，你可以把毒品扔掉，说："这下都不用抽了，走吧。"

二、其他需警惕的情感、情绪问题

1．源自家庭的不良情感

其一，一些青少年认为自己在家庭中得不到任何关爱、尊严、地位和呵护，为求解脱，走上吸毒之路。其二，一些青少年成长于单亲家庭，父母的离异造成其自卑自闭的心理，妄图用毒品寻求安慰。其三，一些青少年认为父母给予自己的只有金钱，少有温暖的亲情；或者一些经济条件好的家庭，父母过分溺爱孩子，无条件地满足孩子的物质要求，使孩子有充分的物质条件去寻求毒品的刺激等。这些都可能导致青少年吸毒并成瘾。

小案例

家庭不和，吸食毒品

小黎的父母因离异对她疏于管教，使她过早地接触到了社会。小黎告诉记者，当她在街上看见自己的父亲和一个陌生女人在一起时，她觉得是因为那个陌生女人，她的父亲才不要她。那时候小黎很生气，就去找自己的朋友，一阵抱头痛哭后，第一次尝试了吸毒。一朝吸毒，心瘾难除。随着吸毒时间越来越长，小黎的开销也越来越大。由于离异，小黎的妈妈对小黎愧疚不已，只要是小黎提出的要求，她都会尽可能地满足。短短的几年时间，毒品彻底改变了小黎。

2. 盲目好奇，寻求刺激

青少年身心尚未发育成熟，具有强烈的好奇心和探索欲望，缺乏辨别是非的能力，当他们听说吸毒“其乐无穷”后，便会产生尝试的想法。尽管有些人知道吸毒的危害，但在一试无妨的侥幸心理驱使下误入歧途。

3. 明星效应

许多青少年有自己崇拜的明星，甚至有人狂热地追逐一切与其相关的事物，从说话腔调到穿着配饰，甚至是行为举止都盲目地模仿明星。所以，明星吸毒会引发严重的负面效应。如果这些吸毒明星的崇拜者年龄较小、判断力较弱，从众心理就会更加明显，青少年在这些吸毒明星的“示范”下，很容易产生尝试毒品的冲动。

4. 江湖义气

青少年的思想比较单纯，自认为已经长大，开始追求所谓的思想和个性独立，讲究所谓的“江湖义气”。但他们毕竟没有形成完整的世界观、人生观和价值观，很容易误入歧途。

5. 不健康的逆反心理

青少年在成长阶段普遍有逆反心理，但盲目的反抗会使他们和父母形成很深的代沟。越是父母反对的、禁止的，他们就越要去做，他们当中的一些人受到不良思想的影响，吸食毒品，从而陷进毒潭，不能自拔。

小案例

逆反心理，吸食毒品

“考试一定要考全校前三名，如果考不好，我要买件新衣服根本是不可能的。”回忆起自己的童年，小青似乎对父亲有很大的怨气。

小青说，每次放学，别的同学都可以出去玩，但是她只能去学习。不过，父亲对她的严厉还是有效果的，小青以全校第一名的成绩考入重点中学。可是，到了中学，她再也无法像父亲要求的那样去拼命学习，结果在初三就辍学了。“后来，爸爸说什么我都不听。”退学后，小青曾在一家饭店当传菜工，还做过给酒瓶贴商标的工作。父亲得知小青的状况后让其回家，可她就是不回去。

“我曾经好几天都不接电话，甚至一两个月都不回家，自己跑到外地玩。”小青的父亲好不容易找到她后气愤不已，“回家后，他用擀面杖打了我 48 下，一下都不少。越打我越恨！”

看到小青天天在外边，父亲严厉要求她一定不能碰冰毒。“不让我吸，我就吸，我一定要尝试。”就这样，22 岁的小青在 KTV 吸食了冰毒。后来，小青多次吸毒，最终被父亲发现。

三、化解情感、情绪问题的方法

吸毒者大多物质欲望过高，在金钱至上、享乐至上的人生价值取向的误导下，疯狂追求物质和感官享受，形成了极端个人主义和绝对自由主义观念，并力图摆脱道德和法律的制约，一旦遇到生活困难、人际冲突、婚恋失败等挫折，就会灰心丧气、精神颓废，继而会通过吸毒寻求自我安慰。所以，青少年需树立正确的世界观、人生观和价值观，这有助于化解情感、情绪问题，避免陷入毒品的深渊里。

小案例

跨国恋爱背后的真相

大学毕业后，小何当了一名教师。在机缘巧合之下，她认识了非洲男子 Link，并通过 Link 结识了另一位非裔男子 Stanly。渐渐地，小何和 Stanly 成为男女朋友。由于两人跨国恋爱，Stanly 经常会出钱让小何出国旅游，两人的感情不断升温。

在交往过程中，小何得知 Stanly 在经营服装贸易，每次出国旅游之后，Stanly 都会要求她帮忙带一些服装样品回国，并支付一些报酬。

其实小何自己也很清楚这些所谓的样品存在问题，多半夹带了非法物品。小何的母亲也多次告诫她，这很可能触犯了法律。但是在出国旅游、丰厚报酬和跨国恋爱不断升温的多重诱惑之下，她没有听从母亲的劝告，而是继续进行着这种非法行为。

结果在一次出国旅行结束，由厦门海关入境时，小何被机场公安人员直接拦截，并在其手提包中发现了 898.7 克毒品。

化解情感、情绪问题的方法如下。

1）爱惜自己的生命，珍惜自己拥有的一切，并利用现在拥有的东西让自己的人生变得更充实、更有意义。

2）爱那些真正关心我们的人。人的社会性决定了所有人都需要和别人产生联系，这种联系能让我们更好地生活。无论是感情上的烦恼、学业上的压力，还是今后要面临的生活困难，我们都可以寻求亲人、朋友的帮助。

3）静下心来阅读经典著作，可以使我们减少很多烦恼，找到人生的方向。

第五节　规避错误认知的风险

案例导入

“聪明药”

美国高校悄然流行起了一种“聪明药”，人们认为吃了它可以大幅提升学习效率。

究竟何为“聪明药”？原来，它是一种中枢兴奋类药剂，包括利他林（哌甲酯）（图 3-1）、莫达非尼等。一些学生想通过服用“聪明药”来增强记忆力，使思维更灵活。但实际上，没有研究证明这些药物具有这样的功能。这些都是用于治疗相关疾病的药物，是处方药，而不是使人聪明的药物。在没有处方的情况下服用此药，属于药物滥用行为。

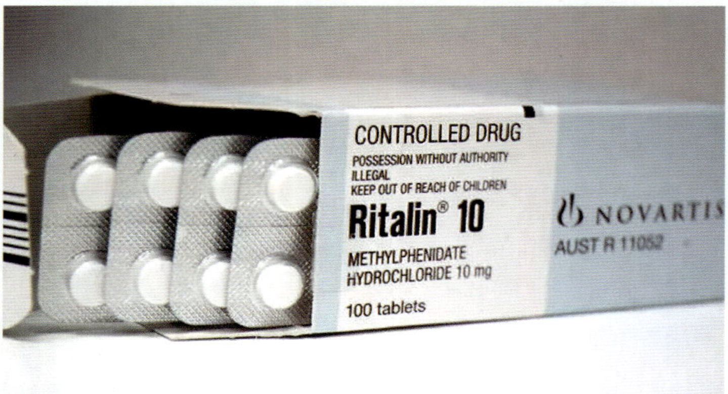

图 3-1　利他林（哌甲酯）

药物滥用是国际上自 20 世纪 60 年代中期开始使用的通用概念，我国在法律上将这种行为界定为吸毒。药物滥用的具体定义：①无论是药品类型还是用药方式和地点都不合理；②在无医生指导下自我用药，并且用药超出医疗范围和剂量标准；③使用者对药品上瘾并有强迫性用药行为；④使用药品往往导致精神障碍，引发严重的公共卫生和社会问题。

相关知识

毒品可分为传统毒品、合成毒品和新精神活性物质。另外，还有一些暂时没有被《麻醉药品品种目录》和《精神药品品种目录》收录，但是同样能够使人形成瘾癖，给人的身体和精神带来极大伤害的药物也应该引起我们的重视。

有些人自行服用药物来缓解如咳嗽、失眠、疼痛等症状，但他们不知道的是，长期滥用某些药品会带来一系列成瘾症状，使滥用者本人及其家庭备受煎熬。因此，我们在服用药物的时候要注意以下两点：①一定要在医生的指导下服用药物，不能任意加量或者长期服用；②某些中药含有有毒成分，长期服月可能引起慢性中毒，应慎重对待。

以下几类药品的服用应引起我们的重视。

1．麻醉性止痛药

麻醉性止痛药的止痛效果好，但是成瘾性强，用药后易形成恶性循环，即使是少量服用 1～2 周也有可能成瘾。

2．安定类药品

安定类药品是中枢神经抑制药，对精神紧张、焦虑、恐惧、失眠、高血压引起的头痛等均有很好的疗效。但患者对此类药物易形成依赖性，一旦停药会引发其难以忍受的戒断症状。

3．依赖性镇咳药物

依赖性镇咳药物属于中枢性镇咳药，它是利用从罂粟壳中分离出的阿片类生物碱（如吗啡类生物碱及其衍生物）直接抑制延髓咳嗽中枢，从而发挥镇咳作用的药物，具有十分明显的镇咳作用。但是因其具有成瘾性，所以仅在使用其他药物治疗无效时使用。依赖性镇咳药物主要有可待因、福尔可定、羟蒂巴酚、双氢可待因等。以可待因为例，长期服用含有可待因的止咳糖浆、止咳水、易使人形成心理依赖，戒断症状类似于海洛因。

4．非处方感冒药

很多人认为非处方的感冒药可以放心服用，甚至加大剂量服务。然而，长期或过量服用某些非处方感冒药，同样会导致药物依赖。

本章总结

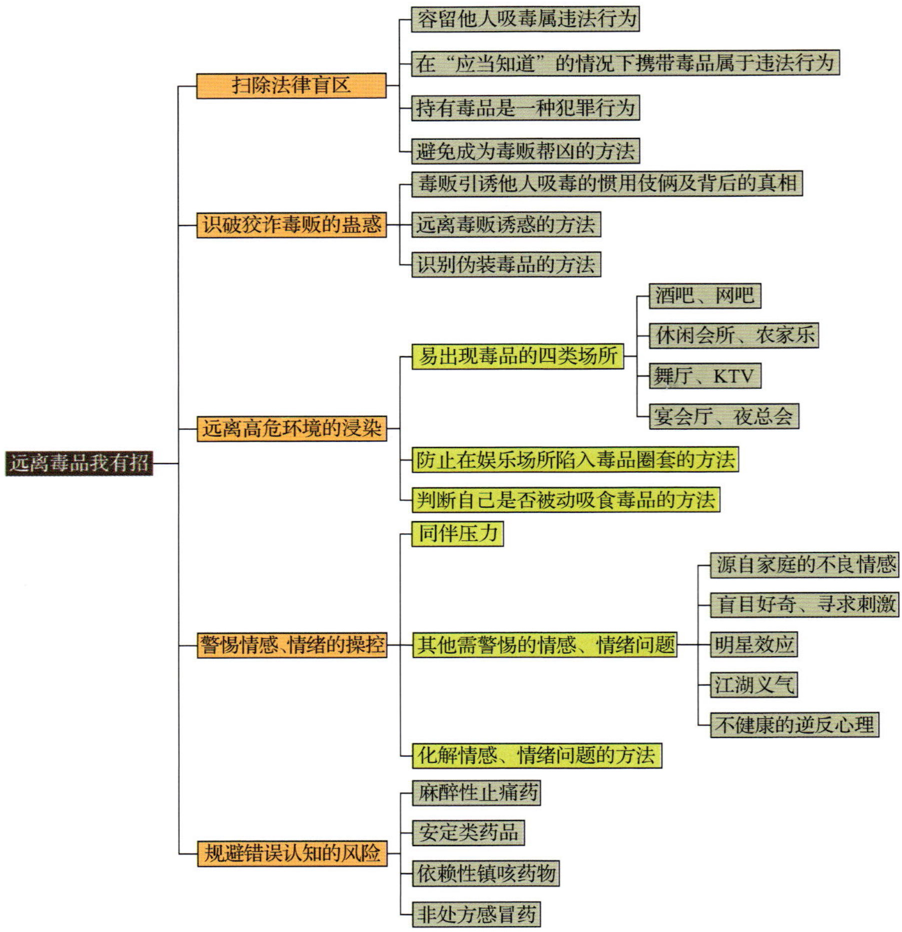
远离毒品我有招
扫除法律盲区
容留他人吸毒属违法行为
在“应当知道”的情况下携带毒品属于违法行为
持有毒品是一种犯罪行为
避免成为毒贩帮凶的方法
识破狡诈毒贩的蛊惑
毒贩引诱他人吸毒的惯用伎俩及背后的真相
远离毒贩诱惑的方法
识别伪装毒品的方法
远离高危环境的浸染
易出现毒品的四类场所
酒吧、网吧
休闲会所、农家乐
舞厅、KTV
宴会厅、夜总会
防止在娱乐场所陷入毒品圈套的方法
判断自己是否被动吸食毒品的方法
警惕情感、情绪的操控
同伴压力
其他需警惕的情感、情绪问题
源自家庭的不良情感
盲目好奇、寻求刺激
明星效应
江湖义气
不健康的逆反心理
化解情感、情绪问题的方法
规避错误认知的风险
麻醉性止痛药
安定类药品
依赖性镇咳药物
非处方感冒药

练习题

一、选择题

1．预防吸毒的有效措施有（　　）。

A．远离特殊人群、特殊场所、特殊嗜好

B．学习毒品相关知识，认清毒品的危害

C．不结交社会上吸毒的朋友

D．以上均正确

2．属于青少年面临的毒品陷阱的是（　　）。

A．吸毒朋友的影响　　B．毒贩子的“毒招”

C．明星吸毒的“示范”效应　　D．以上均正确

3．以下属于毒品滥用的高危场所的是（　　）。

A．歌舞厅、夜总会、洗浴中心等娱乐场所

B．个人家中

C．学校、医疗机构及药店

D．办公场所

4．要拒绝毒品，我们除了要知道毒品的基本知识及其危害，还要（　　）。

A．树立正确的人生观　　B．养成良好的行为习惯

C．拒绝不良诱惑　　D．以上均正确

5．当有人以各种借口引诱你吸食毒品或尝试可能是毒品的药丸时，正确的做法是（　　）。

A．直接拒绝　　B．寻找借口离开　　C．提出新建议　　D．以上均正确

6．青少年要远离毒品，增强自我保护意识，其中最重要的因素是（　　）。

A．社会环境　　B．家庭　　C．自身　　D．亲戚或朋友

7．在酒吧、KTV 等娱乐场所，如果你看到了一种红色药丸（或药片），那可能就是（　　），千万不要沾染。

A．跳跳糖　　B．彩球糖　　C．摇头丸或麻古　　D．山楂丸

8．假如你的好朋友拿出类似于糖果的东西让你品尝，你的选择应该是（　　）。

A．相信朋友不会害你，直接吞下

B．不想吃，但是碍于朋友的面子，勉强吃下

C．拒绝，或者收下，但是不会吃下

D．以上均不正确

9．青少年吸毒的一般原因是（　　）。

A．好奇与虚荣　　B．追求刺激

C．朋友的怂恿和心理障碍　　D．以上均正确

10．当你身边出现毒品时，正确的做法是（　　）。

A．变卖毒品　　B．丢弃毒品

C．报告公安机关　　D．假装没看见

11．青少年防止吸毒的办法是（　　）。

A．接受毒品基本知识和禁毒法律法规教育

B．树立正确的人生观，不盲目追求享乐

C．不听信毒品能治病、能解脱烦恼和痛苦的论调

D．以上均正确

12．家庭远离毒品的办法是（　　）。

A．自己拒绝毒品，向父母和亲属介绍毒品常识，提醒他们千万不要尝试毒品

B．不去沾毒品，也不关心毒品

C．自己不去碰毒品即可

D．自己树立防毒意识

二、判断题

1．毒品与药品往往具有双重属性，只要能为人解除痛苦的就是药品。（　　）

2．福尔可定是中枢性镇咳药，不能随便服用。（　　）

第四章　参与禁毒我荣耀

禁绝毒品，是一项任重而道远的事业，这项事业仅仅依靠禁毒相关单位和禁毒工作者的力量是远远不够的，我们每个公民都应该积极参与其中。参与禁毒是每个公民应该认真履行的责任和义务。

高中生也应该身体力行参与禁毒。那么，在禁毒斗争中，我们可以做些什么呢？

第一节　提高自身禁毒意识

参与禁毒宣传及禁毒活动，是每个公民应尽的责任和义务。在参与禁毒宣传及禁毒活动之前，我们应该做好准备工作，提高自身的禁毒意识。

案例导入

阳光男孩的堕落

某知名电影演员在银幕上凭借自己阳光、帅气的大男孩形象，获得了广大观众的认可，收获了大批影迷。他曾经拍过一部禁毒宣传片，面对镜头，他坚定地说："我是××，我不吸毒！"言犹在耳，可惜在某年8月，该演员被爆出吸食毒品的丑闻，造成了极坏的社会影响。他自食其果，不但自己身体受损，还受到了拘留的处罚，演艺生涯及事业因此事尽毁，与他合作的广告商也受到牵连。

知名演员作为公众人物，社会影响力巨大。作为一个普通公民，他们有责任和义务去宣传禁毒，并树立良好的公众形象。

相关知识

作为普通公民，我们需要提高自身的禁毒意识，主要包括以下三点。

1. 从我做起，永不沾毒

我们应清楚地认识到毒品对社会、家庭及个人的危害，从自己做起，与毒品绝缘。

2. 树立全民禁毒意识

每个人都要深刻认识到全民参与禁毒斗争的重要性。只有我们共同参与、共同监督、齐心协力，禁毒工作才能向预想的方向发展，形成良性循环。

3. 做好禁毒知识储备

在日常生活中，我们要多关注禁毒方面的资讯，积极了解禁毒知识，为禁毒宣传工作做好准备。我们应提高禁毒意识，做禁毒宣传员。而一个合格的禁毒宣传员，应该知道哪些属于毒品，并能辨识几种典型的毒品；了解毒贩的常用伎俩；了解误吸毒品后的处理办法等常识。

第二节　争当禁毒宣传员

案例导入

禁毒宣传员

“毒品太可怕了，千万不能碰毒品!”“我要当好一名小小宣传员，要把了解到的毒品危害知识分享给家人。”青少年自我控制能力、对事物的分析能力弱，容易受不良环境的影响而误入歧途。为了普及禁毒知识，提高广大学生的禁毒意识及自觉抵制毒品侵害的能力，某高中二年级五班开展了“珍爱生命，远离毒品”的主题活动。

活动中，班主任从毒品的特征和种类、毒品对人尤其是青少年的危害及抵制毒品侵害的措施等方面进行了详细介绍。一个个真实案例形象地告诉学生：一定要拒绝和远离毒品。会上，学生观察了常见毒品仿真样品，更深层次地了解了毒品。课后，班主任组织全班学生观看了禁毒宣传片。视频中吸毒人员因为吸毒家破人亡的案例更是触动了孩子们的内心，他们纷纷表示要通过自己微薄的力量劝诫家人珍爱生命、远离毒品。

“禁毒品，人人问，全社会，共责任……”学生们不仅立志要当好禁毒宣传员，还自创了“禁毒三字经”，把学到的毒品危害知识传播给身边的人。

在此次活动中，班主任大力宣传“珍爱生命，远离毒品”的重要意义，培养学生拒绝毒品的意识，学生通过办手抄报、黑板报等，增进了对禁毒知识的了解。

通过这次主题活动，学生进一步认识到了毒品给人类带来的危害，从而时刻提醒自己要热爱生活、珍惜生命、健康成长，要抵制诱惑、远离毒品，积极参与禁毒活动，共同营造和谐校园。

相关知识

一、我国的禁毒机构

1. 国家禁毒委员会

国家禁毒委员会是1990年成立的我国最高禁毒领导机构，由公安部、中央宣传部、最高人民法院、最高人民检察院、外交部、教育部等41个部门组成。该委员会主任由公安部部长担任，主要负责研究确定禁毒工作的战略、方针、政策和措施，统一领导全国范围内的禁毒工作。国家禁毒委员会的办事机构为国家禁毒委员会办公室，设在公安部。办公室负责执行国家禁毒委员会的各项决定，开展日常工作。

2. 中国禁毒基金会

中国禁毒基金会是1999年4月在民政部注册登记的具有独立法人地位的全国性非营利社会团体，属于全国性公募基金会。基金会面向公众募捐的地域范围是中国及许可中国禁毒基金会募捐的国家和地区。基金会的原始基金数额为人民币5000万元，来源于国家财政拨款。中国禁毒基金会的业务主管单位是公安部。

二、我国的禁毒方针

我国的禁毒工作实行预防为主，综合治理，禁种、禁制、禁贩、禁吸并举的方针。预防为主，主要指以毒品预防教育及宣传工作为主体，开展毒品预防工作。综合治理，是指运用法律、行政、经济、教育和医疗等多种手段，动员和组织全社会力量参与禁毒斗争，综合治理毒品问题。禁种、禁制、禁贩、禁吸并举，坚持减少毒品需求与减少毒品供应并重，严厉打击走私、贩卖、运输、制造和非法种植毒品原植物等违法犯罪活动。

三、全民参与禁毒运动的原因

1. 我国吸毒人数众多，禁毒运动刻不容缓

截至2017年年底，我国有吸毒人员255.3万名（不含戒断三年未发现复吸人数、死亡人数和离境人数），虽然同比增幅下降，但吸毒人数仍呈现出上升趋势。

2. 禁毒宣传起作用，禁毒运动齐参与

禁毒运动仅靠一个部门的努力是远远不够的。禁毒运动是复杂的，只有全社会各部门共同携手才能做好，也只有广大群众重视、参与其中，我国的毒品问题才能得到

综合治理。近年来，国家加大校园毒品预防教育力度，取得了显著成效。2017 年，全国查获 35 岁以下青少年吸毒人数同比下降 19%，其中新发现人数同比下降 29.3%，占新发现人员总数的比例同比下降 2.2%。

四、国际禁毒日

1987 年 6 月，138 个国家的 3000 多名代表参加了在奥地利首都维也纳举行的联合国部长级禁毒国际会议。这次会议通过了《管制麻醉品滥用今后活动的综合性多学科纲要》。会议结束时，与会代表一致通过决议，从 1988 年开始将每年的 6 月 26 日定为国际禁毒日，以引起全世界对毒品问题的重视，号召人们共同解决毒品问题。从 1992 年起，国际禁毒日每年都设有一个活动主题，以达到国际社会对禁毒运动的关注和共同参与的效果。2019 年国际禁毒日的主题："健康人生，绿色无毒。"

五、青少年参与禁毒活动的方法

1. 积极参与禁毒宣传活动

我们可以编排禁毒小品、微电影，制作禁毒宣传海报及宣传手册，进行禁毒宣传。

2. 利用空余时间宣传禁毒知识

2018 年 6 月 26 日，宜宾市职业技术学校青年志愿者团队的学生在老师的带领下，来到合江门广场，利用自制的禁毒宣传资料，和社区工作人员一起向市民进行禁毒宣传（图 4-1）。许多参与本次禁毒宣传活动的同学表示，大家都非常崇敬在一线工作的禁毒工作者，正是因为有了他们，才有了社会的安宁，比起他们在一线工作时所遇到的危险，我们做得微不足道；禁毒宣传会使更多人认识到毒品的危害，从而远离毒品，减轻一线禁毒工作者的工作压力，也使同学们感到自己可以为禁毒工作贡献绵薄之力。

图 4-1 学生参与禁毒宣传

第三节　警惕身边涉毒事

案例导入

回归正常生活的老叶

广州市番禺区的老叶有近30年的吸毒史，曾4次被执行强制戒毒。这样一个曾经妻离子散的“瘾君子”在禁毒工作人员的帮助下，终于成功戒掉了毒瘾，重返了家庭和社会。

老叶第四次从戒毒所出来，面对亲人的失望、街坊的冷眼，他对自己说：“一定要找点正经事做一做，不能再吸了，不能再进去了。”他在街道办事处和派出所的帮助下找到合适的摊位，做起了花卉生意。有了正当的收入来源，老叶的精神状态越来越好，也逐渐适应了正常的生活节奏，最终融入了社会，过上了正常的生活。

走上不归路的小娟

小娟中考成绩不理想，父母想让她复读一年，她却不顾父母反对和朋友一起前往广东打工。由于年龄尚小，对社会的认知不深，加之贪玩，自制力和判断能力不强，小娟结识了许多和她一样爱玩儿的朋友。某天，在朋友的邀请下，小娟来到酒吧，朋友拿出毒品给大家助兴，说谁要是不吃就不是真朋友，小娟认为吸食一次应该没事，于是当场吸食了毒品，至此她染上了毒瘾。后来因毒资需求巨大，小娟走上了犯罪的不归路。

相关知识

一、发现家人吸毒应采取的措施

1）尽快送吸毒者到医院或公安机关进行检查，以便确认。

2）冷静对待，不能简单、粗暴地对待吸毒者，要有耐心，让他们感受到家庭和生活的温暖。

3）经常与吸毒者交流，帮他们重新树立信心，鼓励其尽快戒除毒瘾。

4）及时向公安机关、街道办事处等相关机构汇报，争取社会支持。

5）尽快将吸毒者送到正规的戒毒医疗机构接受治疗。

6）做好长期戒毒治疗的思想准备。

小案例

渴望回归正常生活的小华

小华5岁多的时候，在爸爸的诱导下染上了毒瘾。但小华一直渴望像正常人一样生活，他渴望交朋友、渴望上学读书。爸爸、妈妈相继去世后，经政府部门安排，他来到了当地一所学校读书，政府工作人员向学校领导、老师告知了相关事项，叮嘱小华认真学习。初到学校时十分顺利，小华非常高兴，同学们对他十分友好。但有一天小华忘记吃干预药物，毒瘾发作被同学看到，这件事第二天就在班上传开了。小华来到教室，发现自己的桌子被同学们拉到了一边，而全班所有同学都挤到了另外一边，大家就像看怪物一样看着他。小华默默地坐在自己的座位上，头压得低低的不再说话。老师发现了异常，立刻联系了当地公安机关的专业心理医生进行心理干预。

心理医生在跟小华进行了近三个小时的交流后，小华终于开口了，他说："我到底做错了什么？我也不想吸毒，这个世界上有许多吸毒的人跟我一样是无辜染毒的，我们不是坏人！我只不过想像正常人一样生活，想有一些朋友。"

心理医生发现小华在交谈过程中流露出了对社会的反感，甚至出现了较为极端的反社会倾向，于是立即对小华进行了心理干预。通过多次心理干预，在禁毒工作人员的关爱下，小华认识到了自己思想的错误。最后小华在大家的帮助下，转到了另外一所学校，重新过上了正常的生活。

我们不能歧视身边的吸毒人员，在保证自身安全的前提下，应对他们多一份包容，多一份爱心，尽可能地帮助他们早日戒断毒瘾，重返社会。

二、发现自己染毒应采取的措施

1）立刻告诉自己的家人，让家人帮助自己进行戒毒治疗。

2）立刻到医院或公安机关寻求专业救助，并到正规的戒毒医疗机构接受治疗。

3）脱离以前染毒的朋友。

4）及时向公安机关、街道办事处等相关机构汇报，争取社会支持。

三、疑似吸毒人员的特征

1）无故旷课、旷工，学习成绩、纪律或工作表现突然变差。

2）从家中或单位偷窃钱财，或突然频频向父母及亲朋好友索要钱财。

3）外出行动神秘鬼祟，常出入无人且偏僻的地方。

4）藏有毒品及吸毒工具（如注射器等）。

5）为掩盖手臂上的注射针孔，长期穿长袖衣服。

6）面色灰暗、眼睛无神、食欲不振、消瘦老化明显；出现牙磨损、坏牙、瞳孔放大、腹泻、呕吐、恶心等症状；因产生皮肤上有小虫爬的幻觉而搔、抓，导致皮肤溃烂。

7）情绪不稳定，性格、情绪出现明显变化，如多疑、恐惧、暴躁等，时常无故发怒，坐立不安，睡眠质量差。

四、当前我国主要的戒毒形式

2008年6月1日开始施行的《中华人民共和国禁毒法》指出，把城市街道办事处、乡镇人民政府作为基层开展戒毒工作的主体，并确定了自愿戒毒、社区戒毒、强制隔离戒毒等几种戒毒形式。

自愿戒毒是指吸毒者意识到吸毒行为给自己、家庭、社区带来的影响与伤害，主动脱离毒瘾的过程。其形式是自愿到戒毒医院戒毒。

社区戒毒是戒毒的主阵地，是指在社区的组织、监管下，整合家庭、社区、公安及卫生、民政等力量和资源，使吸毒人员在社区里实现戒毒。社区与戒毒人员签订社区戒毒协议，对每个戒毒人员成立由家属、社区干部、公安及卫生、民政等部门人员组成的监护小组，期限为3年。在此期间，公安人员将随时对戒毒人员实行尿检。对于就业困难、生活困难的戒毒人员，有关部门将通过劳动技能培训、纳入低保等方式给予帮助。戒毒人员若不配合社区戒毒，将解除戒毒协议，由公安机关实行强制戒毒。

强制隔离戒毒是指在一定时期内通过行政措施对吸食、注射毒品成瘾人员强制进行药物治疗、心理治疗和法制教育、道德教育，使其戒除毒瘾。强制隔离戒毒的决定由公安机关下达，属行政强制措施。强制隔离戒毒的执行目前分别由公安机关和司法行政机关负责，由公安机关主管。县级以上地方各级人民政府卫生部门、民政部门，应当配合同级公安机关做好强制隔离戒毒工作。

第四节　智做禁毒小斗士

案例导入

用女士高跟凉鞋运输毒品

2015年9月25日，广州市白云区石井街某物流仓库负责人报警称，他在对寄运货物进行检查时，发现有11箱（一箱约60双）女士高跟凉鞋的重量超出正常范围，怀疑箱内藏有可疑物品。民警赶到现场后，在工作人员的见证下打开了其中一箱，随机抽检女鞋，发现鞋跟里有用塑料袋包装的白色晶体状可疑物品。经送检，证实可疑物品为冰毒。此次发现的冰毒，每包重约0.2千克，共541包，总计约108千克。

白云警方立即成立专案组针对此案展开侦查。根据该物流仓库相关记录，办案民警初步摸查发现，该批毒品是一名非洲籍男子指使他人进行托运的。通过大量的信息比对、走访调查等侦查工作，警方逐步锁定了一个以该非洲籍男子为核心的跨境运输毒品团伙。该团伙暂住在广东省东莞市，多在东莞、广州两市往返活动。在上级公安机关和东莞当地警方的大力支持下，白云警方兵分两路，分别在广州、东莞两地抓获了非洲籍犯罪嫌疑人5名。

相关知识

一、发现涉毒不法行为时应采取的措施

1．切勿产生包庇之心

遇到有人进行涉毒违法行为时，若包庇他们会让其产生被认可和支持的错觉，反而会受到鼓舞，以致越陷越深、无法自拔。

2．要机智地与违法涉毒行为进行斗争

在发现吸毒、贩毒、种毒、制毒、运毒等违法行为时，许多具有正义感的群众往往会勇敢地站出来，与不法分子进行斗争。但是，对方往往是穷凶极恶的毒品犯罪分子，他们的社会危害性、破坏性是极大的。所以，我们在发现涉毒犯罪分子时，切勿盲目与之斗争，应该在确保自身安全的前提下冷静处理。首先要保护好自己；其次在

不暴露自己身份的前提下将相关情报提供给公安机关，由公安机关对相关违法行为依法进行相应处理。

二、识别制毒加工场所的方法

1. 场地观察法

观察判断内容：位置偏僻或废弃的工厂，周围戒备森严，有猛犬或监控设备等；白天没有任何动静，却在夜间或风雨天气开始工作。

2. 排出物、丢弃物判断法

观察判断内容：排出的废气有浓烈的异味，废水是带有泡沫的、刺鼻的白色黏稠状液体。废气及废水会导致周围树木杂草枯死，鱼虾、家禽中毒死亡。另外，周围会丢弃大量盛装过易制毒化学药品的玻璃瓶、包装物等。

本章总结

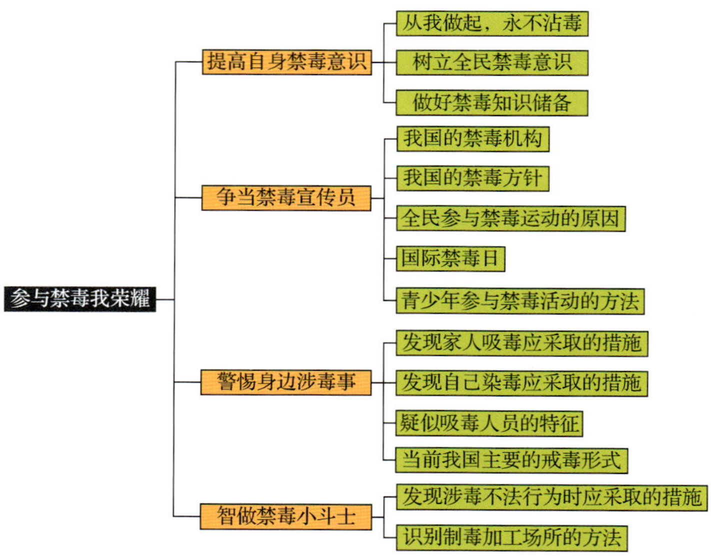

练习题

一、选择题

1. 当发现有人正在吸毒或实施涉毒犯罪行为时，你应该（　　）。

A. 尽快离开，在确保安全后报警　　B. 事不关己

C. 上前一探究竟　　D. 马上阻止其违法犯罪行为

2. 社区戒毒是我国现有的戒毒形式之一，其虽具有强制性，但不得限制人身自由，期限为（　　）。

A. 2 年　　B. 3 年　　C. 1 年　　D. 6 个月

3. 吸毒者既是病人又是（　　）。

A. 正常人　　B. 违法者

C. 罪犯　　D. 受害者、违法者

4. 吸毒者在炎热的夏季仍穿着长袖衣裤的原因是（　　）。

A. 怕冷

B. 免疫力低下，怕得感冒

C. 为了掩饰身上的针孔和针疤

5. 吸毒者主动到公安机关登记或者到有资质的医疗机构接受戒毒治疗的（　　）。

A. 应当处罚　　B. 可以处罚　　C. 不予处罚

6.（　　）不属于戒毒措施。

A. 强制隔离戒毒　　B. 社区戒毒　　C. 自愿戒毒　　D. 治安拘留

7. 毒品预防教育的重点对象是（　　）。

A. 无业人员　　B. 青少年

C. 流动人口　　D. 文化素质较低的人员

8. 下列表述正确的是（　　）。

A. 禁毒主要是人民政府的责任

B. 禁毒主要是公安机关的责任

C. 禁毒与自己无关

D. 禁毒是全社会的共同责任

9. 我国目前现有的戒毒模式中，具有限制人身自由的行政强制措施性质的是（　　）。

A. 自愿戒毒　　B. 社区戒毒

C. 强制隔离戒毒　　D. 以上都不正确

10．下列不是社区戒毒工作小组对社区戒毒人员实施的管理、帮助措施的是（　　）。

A．戒毒知识辅导　B．限制人身自由　　C．教育、劝诫

11．接受社区戒毒的人员应当遵守法律、法规，自觉履行（　　），并根据公安机关的要求，定期接受检测。

A．社区戒毒保证　B．社区戒毒约定　　C．社区戒毒协议

二、判断题

1．吸毒成瘾人员自愿接受强制隔离戒毒的，经公安机关同意，可以进入强制隔离戒毒场所戒毒。（　　）

2．对于吸毒成瘾严重，通过社区戒毒难以戒除毒瘾的人员，公安机关可以直接作出强制隔离戒毒的决定。（　　）

3．学校是毒品预防教育的主阵地，课堂是主渠道。（　　）

4．只要依靠坚强的意志，戒毒就一定能成功。（　　）

参考文献

蔡金红，2018．青少年毒品预防专题教育读本：高中版［M］．北京：中国人民公安大学出版社．

骆寒青，2011．毒品预防教程［M］．北京：中国人民公安大学出版社．

山东省戒毒协会，2018．毒品预防教育读本：中学版［M］．济南：济南出版社．

王新建，李琳，2018．社区毒品预防教育知识读本［M］．北京：中国书籍出版社．

王新建，王豪，2018．中小学生毒品预防教育知识读本［M］．北京：中国书籍出版社．

战嘉怡，2016．珍爱生命 远离毒品：青少年毒品预防教育读本［M］．北京：中国劳动社会保障出版社．

附录一　禁毒相关网站及公众号

1. 中国禁毒展览馆官网：http://www.626china.com
2. 中国禁毒网：http://www.nncc626.com
3. 四川禁毒网：http://www.scnncc.com
4. 宜宾长安网（宜宾禁毒）：http://www.yibinpeace.gov.cn
5. 中国禁毒微信公众号为 onnc626，其二维码如下。

6. 四川禁毒微信公众号为 SC_NCC，其二维码如下。

7. 宜宾禁毒微信公众号为 YB_NCC，其二维码如下。

附录二　国家禁毒相关法律条款

《中华人民共和国刑法》节录

第三百四十七条【走私、贩卖、运输、制造毒品罪】

走私、贩卖、运输、制造毒品，无论数量多少，都应当追究刑事责任，予以刑事处罚。

走私、贩卖、运输、制造毒品，有下列情形之一的，处十五年有期徒刑、无期徒刑或者死刑，并处没收财产：

（一）走私、贩卖、运输、制造鸦片一千克以上、海洛因或者甲基苯丙胺五十克以上或者其他毒品数量大的；

（二）走私、贩卖、运输、制造毒品集团的首要分子；

（三）武装掩护走私、贩卖、运输、制造毒品的；

（四）以暴力抗拒检查、拘留、逮捕，情节严重的；

（五）参与有组织的国际贩毒活动的。

走私、贩卖、运输、制造鸦片二百克以上不满一千克、海洛因或者甲基苯丙胺十克以上不满五十克或者其他毒品数量较大的，处七年以上有期徒刑，并处罚金。

走私、贩卖、运输、制造鸦片不满二百克、海洛因或者甲基苯丙胺不满十克或者其他少量毒品的，处三年以下有期徒刑、拘役或管制，并处罚金；情节严重的，处三年以上七年以下有期徒刑，并处罚金。

单位犯第二款、第三款、第四款罪的，对单位判处罚金，并对其直接负责的主管人员和其他直接责任人员，依照各该款的规定处罚。

利用、教唆未成年人走私、贩卖、运输、制造毒品，或者向未成年人出售毒品的，从重处罚。

对多次走私、贩卖、运输、制造毒品，未经处理的，毒品数量累计计算。

第三百四十八条【非法持有毒品罪】

非法持有鸦片一千克以上、海洛因或者甲基苯丙胺五十克以上或者其他毒品数量大的，处七年以上有期徒刑或者无期徒刑，并处罚金；非法持有鸦片二百克以上不满一千克、海洛因或者甲基苯丙胺十克以上不满五十克或者其他毒品数量较大的，处三年以下有期徒刑、拘役或者管制，并处罚金；情节严重的，处三年以上七年以下有期徒刑，并处罚金。

第三百五十一条【非法种植毒品原植物罪】

非法种植罂粟、大麻等毒品原植物的，一律强制铲除。有下列情形之一的，处五年以下有期徒刑、拘役或者管制，并处罚金：

（一）种植罂粟五百株以上不满三千株或者其他毒品原植物数量较大的；

（二）经公安机关处理后又种植的；

（三）抗拒铲除的。

非法种植罂粟三千株以上或者其他毒品原植物数量大的，处五年以上有期徒刑，并处罚金或者没收财产。

非法种植罂粟或者其他毒品原植物，在收获前自动铲除的，可以免除处罚。

第三百五十三条【引诱、教唆、欺骗他人吸毒罪；强迫他人吸毒罪】

引诱、教唆、欺骗他人吸食、注射毒品的，处三年以下有期徒刑、拘役或者管制，并处罚金；情节严重的，处三年以上七年以下有期徒刑，并处罚金。

强迫他人吸食、注射毒品的，处三年以上十年以下有期徒刑，并处罚金。

引诱、教唆、欺骗或者强迫未成年人吸食、注射毒品的，从重处罚。

附录三　禁毒知识题库习题节选

1. 毒品来源于（　　）。

A. 矿物　　B. 动物　　C. 植物　　D. 毒物

2. 毒品区别于其他毒物的自然特征是（　　）。

A. 非法性　　B. 成瘾性　　C. 危害性　　D. 合法性

3. 毒品是吸食后能够产生（　　）的物质。

A. 危害性　　B. 依赖性　　C. 兴奋性　　D. 抑制性

4. 毒品根据来源和生产方法，可分为天然毒品和（　　）。

A. 合成毒品　　B. 传统毒品　　C. 化学毒品　　D. 新型毒品

5. “摇头丸”是苯丙胺类的衍生物，是亚甲基二氧甲基苯丙胺的片剂，属中枢神经（　　），是我国规定管制的精神药品。“摇头丸”是其俗称，意为会使人摇头的药丸，吸食者易处于幻觉状态，有暴力攻击倾向。

A. 麻醉剂　　B. 兴奋剂　　C. 抑制剂　　D. 以上都不正确

6. 以下不属于阿片类毒品的是（　　）。

A. 吗啡　　B. 海洛因　　C. 冰毒　　D. 美沙酮

7.（　　）俗称 K 粉，属于合成类新型毒品。

A. 氯胺酮　　B. 海洛因　　C. 大麻　　D. 美沙酮

8.（　　）的化学名称为二乙酰吗啡（二醋吗啡），呈白色粉末状，也就是人们所说的“白粉”“白面”。

A. 冰毒　　B. 可卡因　　C. 海洛因　　D. 美沙酮

9. 有一类毒品既有兴奋作用又有致幻作用，这类毒品的代表是（　　）。

A. 氟硝西泮　　B. 三唑仑　　C. LSD　　D. 摇头丸

10. 戒毒人员在（　　）等方面不受歧视。有关部门、组织和人员应当在这些方面对戒毒人员给予必要的指导和帮助。

A. 入学　　B. 就业　　C. 享受社会保障　　D. 以上均正确

11. 麻黄碱是从（　　）原植物中提取的。

A. 罂粟　　B. 大麻　　C. 麻黄草　　D. 古柯

12.（　　），即甲基苯丙胺，外观为纯白或黄色结晶体，晶莹剔透。

A. 可卡因　　B. 冰毒　　C. 海洛因　　D. 吗啡

13.（　　）俗名“可可精”，是从古柯叶中分离出来的一种最主要的生物碱，属中枢神经兴奋剂，呈白色晶体状，无气味，味略苦而麻，兴奋作用强。

A．海洛因　　B．可卡因　　C．大麻　　D．鸦片

14．海洛因对中枢神经系统主要起（　　）作用。

A．兴奋　　B．抑制　　C．致幻　　D．安眠

15．海洛因同吗啡相比，其成瘾性（　　）。

A．更强　　B．较弱　　C．相当　　D．更弱

16．海洛因的滥用方式有（　　）。

A．口吸　　B．鼻吸　　C．注射　　D．以上均正确

17．海洛因吸食者的典型体征是（　　）。

A．瞳孔缩小呈针尖样　　B．瞳孔放大，不聚光

C．身体瘦弱　　D．身体浮肿

18．合成毒品（　　）又称海米那（甲喹酮）、眠可欣（甲喹酮），临床上适用于各种类型的失眠症，该药久用可成瘾，已成为国内外滥用药物之一。

A．三唑仑　　B．氟硝西泮

C．安纳咖　　D．安眠酮（甲喹酮）

19．合成毒品“麻古”的主要成分是甲基苯丙胺和（　　）。

A．大麻　　B．可卡因　　C．咖啡因　　D．安纳咖

20．合成毒品直接作用于人的（　　）。

A．大脑　　B．心脏　　C．中枢神经　　D．肌肉

21．吸毒成瘾的三个基本过程包括耐药作用的形成、（　　）、强化的形成。

A．对毒品反应减弱　　B．生理依赖性的产生

C．对毒品反应增强　　D．生理依赖性的消失

22．吗啡一般是从（　　）中提炼出来的。

A．海洛因　　B．鸦片　　C．古柯叶　　D．大麻

23．美沙酮替代维持治疗主要适用于吸食、注射（　　）的吸毒人员。

A．冰毒　　B．可卡因　　C．大麻　　D．海洛因

24．成瘾是由于（　　）某种有依赖性药物或物质引起的一种慢性中毒状态。

A．反复使用　　B．一次使用　　C．偶尔使用　　D．曾经使用

25．从医学角度看，吸毒成瘾是一种（　　）。

A．心理障碍　　B．精神疾病

C．躯体疾病　　D．慢性的、复发性的脑疾病

26．下列符合可卡因的危害的是（　　）。

A．皮下有虫行蚁走感，奇痒难忍，造成严重抓伤甚至断肢自残，情绪不稳定，容易引发暴力攻击行为

B．情感冲动，性欲亢进，嗜舞

C．偏执，妄想，自我约束力下降

D．嗜睡，精神萎靡

27．娱乐场所及其（　　）实施毒品违法犯罪行为，或者为进入娱乐场所的人员实施毒品违法犯罪行为提供条件，构成犯罪的，依法追究刑事责任；尚不构成犯罪的，依照有关法律、行政法规的规定给予处罚。

A．法人　　B．投资方　　C．经理　　D．从业人员

28．《中华人民共和国禁毒法》第三十一条规定，国家采取各种措施帮助吸毒人员戒除毒瘾，（　　）吸毒人员。吸毒成瘾人员应当进行戒毒治疗。

A．打击处理　　B．依法惩治　　C．教育和挽救　　D．收容看管

29．娱乐场所应当建立（　　）制度，发现娱乐场所内有毒品违法犯罪活动的，应当立即向公安机关报告。

A．查验　　B．监测　　C．巡查　　D．抽查

30．《中华人民共和国禁毒法》第四十三条规定，强制隔离戒毒场所应当根据戒毒人员（　　）等，对戒毒人员进行有针对性的生理、心理治疗和身体康复训练。

A．吸食、注射毒品的方法

B．吸食、注射毒品的频次

C．吸食、注射毒品的种类及成瘾程度

D．吸食、注射毒品的时间

31．《中华人民共和国刑法》第三百五十一条规定，非法种植罂粟（　　）株以上构成犯罪。

A．1000　　B．500　　C．5000　　D．8000

32．非法持有海洛因（　　）克以上的，构成非法持有毒品罪。

A．5　　B．50　　C．10　　D．20

33．非法持有甲基苯丙胺（冰毒）（　　）克以上的，构成非法持有毒品罪。

A．5　　B．10　　C．15　　D．20

34．非法种植罂粟或其他毒品原植物，在收获前自动铲除的，可以（　　）。

A．免除处罚　　B．不予处罚　　C．奖励　　D．批评教育

35．负责社区戒毒工作的是（　　）。

A．公安机关　　B．卫生行政部门

C．城市街道办事处、乡镇人民政府　　D．司法机关

36．远离毒品的自我保护方法有（　　）。

A．养成良好习惯　　B．不在危险地方逗留

C. 不接受他人的食物　　D. 以上均正确

37. 强迫他人吸食、注射毒品的，处（　　）有期徒刑，并处罚金。

A. 1年以上3年以下　　B. 3年以上6年以下

C. 3年以上10年以下　　D. 3年以上7年以下

38. 强制隔离戒毒的期限为（　　）。

A. 1年　　B. 2年　　C. 3年　　D. 6个月

39. 在众多毒品中，有很多抑制剂类药物，被不法之徒用来对女性实施性侵犯，它们也被称为“约会迷奸药”。以下属于此类毒品的是（　　）。

A. 氟硝安定（氟硝西泮）　　B. 摇头丸

C. 咖啡因　　D. 大麻

40. 制定《中华人民共和国禁毒法》的目的是（　　）。

A. 预防和惩治毒品违法犯罪行为　　B. 保护公民身心健康

C. 维护社会秩序　　D. 以上均正确

41. 中学生只有（　　）才能远离毒品、拒绝毒品。

A. 了解毒品的特征　　B. 认识到毒品的危害

C. 能够辨别毒品　　D. 以上均正确

42. 毒品的心理依赖是指人在多次用药后所产生的在心理上、精神上对所用药物的（　　）或强制性觅药的心理倾向。

A. 被动渴求　　B. 客观渴求　　C. 主观渴求　　D. B和C

43. 在日常生活中，广大青少年要做到四点来预防毒品：一是不要听人蛊惑，受人引诱；二是不要与吸毒者、贩毒者为伍；三是不要接受有吸毒劣迹的人送的香烟；四是（　　）。

A. 只看不吸　　B. 远离毒品，不沾毒

C. 不参与家人吸毒　　D. 不去歌厅等娱乐场所

44. 李某发现儿子小强吸毒后，便将其关在家中，并与家人轮流看守令其戒毒。起初，断了毒品的小强呼天喊地，半个月后，小强恢复了正常。此时的小强（　　）。

A. 已完全戒断毒瘾　　B. 只戒断生理上毒瘾

45. 李某是某酒吧老板，明知一些人经常在该酒吧内吸食冰毒，他却视而不见。有关部门对李某的行为应（　　）。

A. 批评教育　　B. 以容留他人吸毒罪论处

C. 以贩卖毒品罪论处　　D. 罚款并吊销营业执照

46. 李某为炫耀，将50克冰毒放在身上，后被民警抓获，李某构成（　　）。

A. 吸毒　　B. 非法持有毒品罪

C．贩卖毒品罪　　D．窝藏毒品罪

47．利用未成年人运输毒品的按照《中华人民共和国刑法》规定（　　）。

A．以教唆罪论处　　B．以运输毒品罪处罚

C．以运输毒品罪从重处罚　　D．以诈骗罪处罚

48．被称为“现代迷魂药”的三唑仑是一种强效的（　　）。

A．致幻剂　　B．兴奋剂　　C．麻醉剂　　D．氧化剂

49．你的同学把你介绍给他的朋友，这些人私密地聚集在某人家里或者娱乐场所，吸食一些粉末、片剂或者类似香烟的东西，并请你品尝。你应该（　　）。

A．找个合适的借口离开那里　　B．坚决地拒绝

C．婉言谢绝　　D．以上均正确

50．身体脱毒只是戒毒过程的第一步，只有彻底摆脱（　　）才能达到彻底康复。

A．生理依赖性　　B．戒断反应　　C．心瘾　　D．身体不适

51．贩卖毒品应当（　　）。

A．批评教育　　B．追究刑事责任　　C．送劳动教养　　D．行政处罚

52．申请成为禁毒志愿者的年龄要求是（　　）。

A．没要求　　B．14 周岁以上　　C．16 周岁以上　　D．18 周岁以上

53．吸毒，也称“药物滥用”，就是出于（　　）目的，通过注射、口服、鼻吸或其他方式将毒品摄入人体的行为。

A．交友　　B．治病　　C．麻醉　　D．非医疗

54．不满 16 周岁的未成年人吸毒成瘾严重的，可以不适用（　　）。

A．责令其接受社区戒毒

B．强制隔离戒毒

C．自愿戒毒

55．王某在自己开垦的山地里种植罂粟，收获前他学习了《中华人民共和国禁毒法》和《中华人民共和国刑法》，将所有罂粟铲除，对于王某的行为（　　）。

A．应当拘留　　B．应当罚款　　C．可以不予处罚　　D．应当判刑

56．吸毒成瘾的特征一般是（　　）。

A．药物耐受性　　B．生理依赖性　　C．心理依赖性　　D．以上均正确

57．在吸毒人群中，初次吸毒的原因一般是（　　）。

A．好奇心驱使　　B．他人引诱　　C．取乐解闷　　D．赶时髦

58．小明沉迷于网络游戏，结交了不良的朋友，最后学会了吸毒。这个案例告诉我们（　　）。

A．不在危险的地方逗留，尤其是网吧这样人多和复杂的环境

B．要养成自律的好习惯

C．要抵制诱惑

D．以上均正确

59．一个完整的戒毒过程，包含（　　）。

A．脱毒、康复、回归社会三部分　　B．强制戒毒

C．社区戒毒　　D．社区康复

60．长期吸食以后，情绪激昂冲动，即使停止吸食戒断很久，也容易出现幻觉、被害妄想等精神病稽延症状，这是（　　）类毒品的精神病态特征。

A．麻醉　　B．海洛因

C．甲基苯丙胺（冰毒）　　D．杜冷丁（哌替啶）

61．因吸毒被查获的人员应当接受（　　）。

A．治安处罚　　B．刑事处罚　　C．不处罚　　D．批评教育

62．（　　）第一次明确了保护青少年不受毒品危害的规定。

A．《中华人民共和国刑法》

B．《中华人民共和国预防未成年人犯罪法》

C．《中华人民共和国未成年人保护法》

63．以下行为中可以不予处罚的是（　　）。

A．有人在自己经营的娱乐场所内吸毒，不制止、不报告

B．携带毒品原植物种子

C．非法种植毒品原植物，在收获前自动铲除

D．为走私、贩卖、运输、制造鸦片的犯罪分子提供财物

64．下列选项中对我国毒品消费形势表述正确的是（　　）。

A．毒品消费者市场逐步减少

B．35 岁以下青少年吸毒人数比例高

C．吸食合成毒品的人数下降

D．吸毒人数减少

65．贩卖毒品负刑事责任的年龄是（　　）。

A．已满 18 周岁　　B．已满 16 周岁

C．已满 14 周岁　　D．已满 12 周岁

66．我国吸毒人员吸食的毒品中，最多的是（　　）。

A．传统毒品　　B．合成毒品　　C．新精神活性物质

67．《中华人民共和国禁毒法》第七条规定，国家鼓励对禁毒工作的社会捐赠，并依法给予（　　）。

A. 税收减免　　B. 税收优惠
C. 表彰奖励　　D. 税收减免和优惠

68.《中华人民共和国禁毒法》第十三条规定，教育行政部门、(　　)应当将禁毒知识纳入教育、教学内容，对学生进行禁毒宣传教育。公安机关、司法行政部门和卫生行政部门应当予以协助。

A. 学校　　B. 中小学校　　C. 大专院校　　D. B 和 C

69. 吸毒对女性怀孕后胎儿的影响是(　　)。

A. 可能导致胎儿畸形、死胎　　B. 没有任何影响
C. 可能导致难产　　D. 会让胎儿更健康

70. 吸食、注射毒品严重破坏人体的生理机能和免疫机能，引起各种并发症，最终导致(　　)。

A. 昏睡　　B. 毒瘾发作　　C. 死亡

71. 下列不属于合成毒品的是(　　)。

A. 海洛因　　B. 摇头丸　　C. 冰毒　　D. K 粉

72.《中华人民共和国禁毒法》规定的禁毒工作机制是(　　)。

A. 党委统一领导，政府各部门各司其责，全社会广泛参与
B. 政府统一领导，有关部门各负其责，社会广泛参与
C. 党委政府统一领导，各有关部门各司其责，社会广泛参与
D. 党委政府领导，各有关部门各负其责，全社会广泛参与

73. 下列关于戒毒的说法正确的是(　　)。

A. 戒毒有特效药
B. 毒瘾能轻易戒除
C. 一旦染上毒瘾很难戒除

74.《中华人民共和国禁毒法》自(　　)起施行。

A. 2007 年 12 月 29 日　　B. 2008 年 1 月 1 日
C. 2008 年 6 月 1 日　　D. 2008 年 6 月 26 日

75. (　　)不是社区戒毒工作小组对社区戒毒人员实施的管理、帮助措施。

A. 戒毒知识辅导　　B. 限制人身自由　　C. 教育、劝诫

76. 毒品的本质特征是(　　)。

A. 依赖性　　B. 危害性　　C. 非法性　　D. 以上均正确

77. 下列关于大麻的说法中错误的是(　　)。

A. 大麻在许多国家都不算毒品，不会成瘾，对人体没有什么危害，偶尔尝一下没关系

B. 大麻是世界范围内滥用最严重的毒品之一

C. 长期使用大麻容易成瘾并引发痴呆

78. 下列说法中不正确的是（　　）。

A. 国家鼓励开展禁毒科学技术研究

B. 国家鼓励公民举报毒品违法犯罪行为

C. 国家鼓励对禁毒工作的社会捐赠

D. 国家鼓励戒毒治疗的药品、医疗器械和治疗方法在媒体上做广告宣传

79. 麻醉药品、精神药品和易制毒化学品管理的具体办法，由（　　）规定。

A. 公安部　　B. 国家禁毒委员会

C. 国务院　　D. 国家卫生健康委员会

80.（　　）是指直接作用于中枢神经系统，使之兴奋或抑制，连续使用能产生依赖性的药品。

A. 麻醉药品　　B. 精神药品　　C. 新精神活性物质

81.《中华人民共和国禁毒法》明确了（　　），综合治理，禁种、禁制、禁贩、禁吸并举的禁毒方针。

A. 预防为本　　B. 预防为主　　C. 打击为主　　D. 打防并举

82.《中华人民共和国刑法》对毒品犯罪的刑事责任年龄的规定，对已满 14 周岁不满 16 周岁的人，犯贩卖毒品罪的，应当（　　）。

A. 负刑事责任

B. 从重处罚

C. 不予刑事处罚

D. 责令其家长或者监护人加以管教，必要时，也可以由政府收容教养

83. 登记参加药物维持治疗的戒毒人员的信息应当及时报（　　）备案。

A. 药品监督管理部门　　B. 公安机关

C. 卫生行政部门　　D. 检察机关

84. 鸦片是罂粟植物的（　　）。

A. 种子碾碎后或花粉的提取物

B. 果实未成熟时，割浆后的提取物

C. 种子碾碎后的提取物

D. 花粉的提取物

85. 以下不属于我国目前禁毒模式的是（　　）。

A. 家庭戒毒　　B. 自愿戒毒　　C. 强制隔离戒毒　　D. 社区戒毒

86.（　　）处以 15 年有期徒刑、无期徒刑或者死刑，并处没收财产。

A．走私、贩卖、运输、制造鸦片 200 克以上不满 1000 克

B．走私、贩卖、运输、制造海洛因或者甲基苯丙胺 10 克以上

C．走私、贩卖、运输、制造海洛因或者甲基苯丙胺 50 克以上

D．走私、贩卖、运输、制造鸦片 140 克以上不满 200 克

87．鸦片最早是由（　　）传入中国的。

A．阿拉伯人　　B．埃及人　　C．印度人　　D．契丹人

88．郑某在南方某地购得 15 克海洛因藏在家中准备自己吸食，后被公安机关查获。郑某的行为构成了（　　）。

A．贩卖毒品罪　　B．非法持有毒品罪

C．不构成犯罪　　D．私藏毒品罪

89．（　　）是指对中枢神经有麻醉作用，连续使用后易产生生理依赖性、能形成瘾癖的药品。

A．麻醉药品　　B．精神药品　　C．新精神活性物质

90．《中华人民共和国禁毒法》第二十一条规定，国家对麻醉药品和精神药品实行管制，对麻醉药品和精神药品的实验研究、生产、经营、使用、储存、运输实行（　　）制度。

A．审批　　B．审核和检查

C．许可和查验　　D．以上都不正确

91．吸毒成瘾人员的认定是依据那些有吸毒史、有依赖性表现，停用或减少用量会出现戒断综合征，再次适量给予此类物质可使戒断综合征立即消失，通常药物尿检呈（　　）反应。

A．阴性　　B．阳性

92．（　　）是《中华人民共和国刑法》所界定的毒品。

A．鸦片、海洛因、甲基苯丙胺（冰毒）、吗啡、大麻、可卡因

B．挥发性溶剂

C．烟草、酒精

93．戒毒是一个长期的过程，包括生理脱毒与医学治疗、（　　）、善后辅导与回归社会三个阶段。

A．心理成瘾戒断　　B．心理治疗与心理康复

C．毒瘾戒断　　D．社区康复

94．地方各级人民政府发现非法种植毒品原植物的，应当（　　）采取措施予以制止、铲除。

A．立即　　B．适时　　C．成熟后　　D．收割时

95. 以下说法不正确的是（　　）。

A. 心理治疗是帮助成瘾者戒毒的有效方法之一

B. 冷火鸡疗法是海洛因成瘾者戒毒的方法之一

C. 美沙酮替代治疗能帮助冰毒成瘾者戒断毒瘾

D. 美沙酮替代治疗能帮助海洛因成瘾者降低危害

96. 以下几种毒品，成瘾性和毒副作用最强的是（　　）。

A. 古柯叶　　B. 海洛因　　C. 鸦片　　D. 大麻

97. 对吸毒成瘾人员，公安机关可以责令其接受（　　），期限为三年，同时通知吸毒人员户籍所在地或者现居住地的城市街道办事处、乡镇人民政府。

A. 社区戒毒　　B. 强制隔离戒毒　　C. 限期戒毒　　D. 社区康复

98. 对不适用强制隔离戒毒的吸毒成瘾人员，依照《中华人民共和国禁毒法》规定进行（　　）。

A. 自愿戒毒　　B. 社区戒毒　　C. 社区康复　　D. 批评教育

99. 对自愿接受戒毒治疗的吸毒人员，公安机关对其原吸毒行为可（　　）。

A. 减轻处罚　　B. 不予处罚　　C. 从重处罚

100. 发现吸毒、贩毒情况，应拨打电话号码（　　），向公安机关举报。

A. 114　　B. 119　　C. 110　　D. 120

101. 以下说法正确的是（　　）。

A. 合成毒品麻古的主要成分是甲基苯丙胺和咖啡因

B. 合成毒品麻古的主要成分是甲基苯丙胺和大麻

C. 合成毒品麻古的主要成分是甲基苯丙胺和可卡因

102.《中华人民共和国禁毒法》第二十四条规定，禁止非法（　　）麻醉药品、精神药品和易制毒化学品的制造方法。公安机关接到举报或者发现非法传授麻醉药品、精神药品和易制毒化学品制造方法的，应当及时依法查处。

A. 贩卖　　B. 传授　　C. 传播　　D. 获取

103.（　　）不是毒品原植物。

A. 罂粟　　B. 大麻　　C. 烟叶　　D. 古柯

104.《中华人民共和国刑法》第三百五十七条规定，毒品的数量以（　　）属实的走私、贩卖、运输、制造、非法持有毒品的数量计算，不以纯度折算。

A. 缴获　　B. 检查　　C. 查证　　D. 收缴

105. 由于我国西南边境毗邻世界最主要的毒源地（　　），造成毒源地的毒品大量流入我国，部分经我国中转走私到其他国家和地区。

A. “金三角”　　B. “银三角”　　C. “金新月”

106.《中华人民共和国刑法》第三百四十七条规定，走私、贩卖、运输、制造鸦片不满二百克、海洛因或者甲基苯丙胺不满（　　）克或者其他少量毒品的，处三年以下有期徒刑、拘役或者管制，并处罚金；情节严重的，处三年以上七年以下有期徒刑，并处罚金。

A．十　　B．二十　　C．三十　　D．四十

107．在对众多吸毒者进行调查时发现，占据第一位的吸毒原因是（　　）。

A．贪慕虚荣，赶时髦　　B．借助吸毒逃离现实，寻求解脱

C．受贩毒者引诱　　D．盲目好奇，追求享乐和刺激

108．张某让王某为其购买毒品，王某借机从中牟利，对王某的行为（　　）追究刑事责任。

A．应当　　B．不应当　　C．由所涉毒品数量决定

109.《中华人民共和国刑法》第三百四十七条规定，走私、贩卖、运输、制造鸦片一千克以上、海洛因或者甲基苯丙胺（　　）克以上或者其他毒品数量大的，处十五年有期徒刑、无期徒刑或者死刑，并处没收财产。

A．十　　B．一百　　C．二一　　D．五十

110．张某在甲市吸毒，被当地公安机关依法处理。到乙市后，当地公安机关发现其曾在甲市吸毒，乙市公安机关（　　）对同一行为作出处理决定。

A．可以　　B．应当　　C．不得

111．根据查缉毒品的需要，（　　）可以在边境地区、交通要道、口岸以及飞机场、火车站、长途汽车站、码头对来往人员、物品、货物以及交通工具进行毒品和易制毒化学品检查。

A．公安机关　　B．药品监督管理部门

C．禁毒委员会　　D．以上均正确

112．制定《中华人民共和国禁毒法》的必要性是（　　）。

A．应对严峻的毒品违法犯罪形势的需要

B．进一步完善我国预防和惩治毒品违法犯罪法律体系的需要

C．履行国际禁毒公约的需要

D．以上均正确

113．公安机关对吸毒成瘾人员决定予以强制隔离戒毒的，应当制作强制隔离戒毒决定书，在执行强制隔离戒毒前送达被决定人，并在送达后（　　）以内通知被决定人的家属、所在单位和户籍所在地公安派出所。

A．48 小时　　B．24 小时　　C．3 天　　D．1 周

114．公安机关可以对涉嫌吸毒的人员进行必要的检测，被检测人员应当予以

配合；对拒绝接受检测的，经县级以上人民政府、公安机关或者其派出机构负责人批准，可以（　　）。

A．行政罚款　　B．依法惩治　　C．行政拘留　　D．强制检测

115．国家对易制毒化学品的生产、经营、购买、运输实行（　　）制度。

A．审查　　B．许可　　C．管理　　D．禁止

116．国家鼓励公民举报毒品违法犯罪行为。各级人民政府和有关部门应当对举报人予以保护，对（　　），给予表彰和奖励。

A．举报人员　　B．举报积极人员

C．举报有功人员　　D．实名举报人员

117．国家鼓励志愿人员参与（　　）工作。地方各级人民政府应当对志愿人员进行指导、培训，并提供必要的工作条件。

A．缉毒侦查　　B．禁毒管理

C．禁毒宣传教育和戒毒社会服务　　D．禁毒知识普及教育

118．朱某将盗窃的毒品卖给周某，构成（　　）。

A．盗窃罪

B．贩卖毒品罪

C．盗窃罪和贩卖毒品罪，数罪并罚

参考答案

第一章练习题

一、选择题

1．B　2．A　3．B　4．B　5．B　6．A　7．B

二、判断题

1．×　2．×　3．√　4．√　5．×　6．√

第二章练习题

一、选择题

1．D　2．D　3．B　4．ABCD　5．ABC

二、判断题

1．√　2．√　3．√　4．√

第三章练习题

一、选择题

1．D　2．D　3．A　4．D　5．D　6．C　7．C　8．C　9．D　10．C　11．D　12．A

二、判断题

1．×　2．√

第四章练习题

一、选择题

1．A　2．B　3．D　4．C　5．C　6．D　7．B　8．D　9．C　10．B　11．C

二、判断题

1. √　2. √　3. √　4. ×

禁毒知识题库习题节选

1. C　2. B　3. B　4. A　5. B　6. C　7. A　8. C　9. D　10. D　11. C　12. B　13. B　14. B　15. A　16. D　17. A　18. D　19. C　20. C　21. B　22. B　23. D　24. A　25. D　26. A　27. D　28. C　29. C　30. C　31. B　32. C　33. B　34. B　35. C　36. D　37. C　38. B　39. A　40. D　41. D　42. C　43. B　44. B　45. B　46. B　47. C　48. C　49. D　50. C　51. B　52. D　53. D　54. B　55. C　56. D　57. A　58. D　59. A　60. C　61. A　62. C　63. C　64. B　65. C　66. B　67. B　68. A　69. A　70. C　71. A　72. B　73. C　74. C　75. B　76. D　77. A　78. D　79. C　80. B　81. B　82. A　83. B　84. B　85. A　86. C　87. A　88. B　89. A　90. C　91. B　92. A　93. B　94. A　95. C　96. B　97. A　98. B　99. B　100. C　101. A　102. B　103. C　104. C　105. A　106. A　107. D　108. A　109. D　110. C　111. A　112. D　113. B　114. D　115. B　116. C　117. C　118. C